MYTHISCHE ORTE AM OBERRHEIN

Edith Schweizer-Völker
Martin Schulte-Kellinghaus

MYTHISCHE ORTE AM OBERRHEIN

Ausflüge in die Dreiländerregion Elsass – Südbaden – Nordwestschweiz

Zweite, aktualisierte Ausgabe

Christoph Merian Verlag

INHALT

Vorwort
von Christian J. Haefliger 8

Dreiländereck

BELCHENDREIECK
Das Belchen-Dreieck 10

BINNINGEN, BETTINGEN, TÜLLINGEN
Die Frauen-Kirchen
auf den drei Hügeln 14

Nordwestschweiz

ARLESHEIM
Die Ermitage –
ein Ort voller Geheimnisse 20

AUGUSTA RAURICA
Unter dem Schutz von Apollo 26

BASEL
Sonnenaufgang in der
Münster-Krypta 32

BEINWIL
Ort der Stille für Menschen
aller Konfessionen 38

MARIASTEIN
Die Gnadenhöhle im Fels 42

OLTINGEN
Das Wandbild vom Jüngsten Gericht 48

SAINT-URSANNE
Sankt Ursinus und der Bär 52

SCHÖNTHAL
Romanische Sinnbilder und
zeitgenössische Kunst 58

VORBOURG
Die Wallfahrtskirche am Fels 64

ZURZACH
Das Verenagrab im Kerzenschein 68

Elsass

ALTKIRCH, GILDWILLER
Morandus, der Apostel
des Sundgaus 74

ANDLAU
Die Bärin in der Krypta 78

BOLLENBERG BEI ORSCHWIHR
‹Dame blanche› und Hexenfeuer 82

DONON
Ein Tempel für Merkur 86

DUSENBACH
Die Patronin der Spielleute 92

EPFIG
Sainte-Marguerite mit
dem ‹Klösterle› 96

FELDBACH
Die romanische Jakobus-Kirche 100

HEGENHEIM
Der jüdische Friedhof –
Ort für die Ewigkeit 104

HEIMERSDORF
Das Quellheiligtum
am Waldrand 108

HIPPOLTSKIRCH
Das Kirchlein an der Ill 112

LUCELLE
Vom Kloster zur europäischen
Begegnungsstätte 116

MURBACH
Die mächtigste
aller Reichsabteien 122

ODILIENBERG
Die rätselhafte Heidenmauer
am Odilienberg 128

OELENBERG, REININGUE
Das Kloster und sein Goldschatz 136

OLTINGUE
Das Martinskirchlein im Feld 142

SAINT-BRICE
Quelle, Kapelle und Gastlichkeit 146

SCHWEIGHOUSE
Saint-Gangolph und
der Kuckucksmarkt 150

STEINBRUNN-LE-BAS
Der Taufbrunnen bei
der Apollonia-Kapelle 154

THANN
Das Theobaldus-Münster
im Feuerschein 158

UEBERSTRASS
Notre Dame du Grünenwald 164

WENTZWILLER
Das Drei-Jungfrauen-Grab in der
Waldlichtung 168

Südbaden

BAD SÄCKINGEN
Der Silberschrein im
St. Fridolinsmünster   172

BEUGGEN
Wo einst die
Deutschritter residierten   176

BREISACH
Das Münster hoch
über dem Rhein   182

EICHSEL
Die Reliquien der drei
heiligen Jungfrauen   188

ENDINGEN
Die ‹weinende Madonna›
in der St. Martinskirche   194

ETTENHEIMMÜNSTER
St. Landelin und
der heilende Brunnen   198

NEUENBURG AM RHEIN
Das wundertätige Kreuz   202

ST. BLASIEN
Die Kuppelkirche –
Sinnbild des Kosmos   206

ST. TRUDPERT
Die Quelle bei der
mächtigen Abtei   212

TODTMOOS
Die hilfreiche
‹Mutter vom Schwarzwald›   216

Anhang

Feste und Anlässe   223

Informationen auf dem Internet,
Telefonnummern
der Tourismus-Büros   226

Weitere Informationen
zu öffentlichen Verkehrsmitteln   230

Literatur   231

Dank   235

Vom «paradiesischen Rheintal»,
einem «ausgebreiteten und wohl gelegenen Vaterland», spricht
Goethe, wenn er in ‹Dichtung und Wahrheit› die Heimat des
Aufklärers und Geschichtsforschers Johann Daniel Schöpflin
erwähnt. Heute sprechen wir von Paradiesen meist nur dann,
wenn wir aus fernen Ländern zurückkehren. Dabei liegen so
viele unbekannte, unerforschte Schönheiten und Schätze in
greifbarer Nähe und bleiben unentdeckt – vielleicht, weil hier
der Alltag herrscht und die Pflichten rufen.

Einige der Kulturschätze der Landschaft zwischen Schwarzwald, Vogesen und Jura, die unter dem Label ‹RegioTriRhena›
mehr und mehr von sich reden macht, können wir im vorlie-
genden Kulturführer näher kennen lernen. Wir haben es Edith
Schweizer-Völker und Martin Schulte-Kellinghaus zu verdanken, dass wir einen Schlüssel zu den historisch-kulturellen
Quellen dieser Region in den Händen halten, der uns auf eine
spannende und kontemplative Erkundungstour schickt.

Unter dem Titel ‹Mythische Orte am Oberrhein› stellen die
Autorin und der Fotograf rund vierzig Ausflüge vor, die an Orte
der Stille, des Rückzugs und der Besinnung führen. Wir stossen
auf Spuren keltischer, römischer und frühchristlicher Ereignisse, auf Plätze, die Zeugnis über Katholizismus, Reformation
und Französische Revolution ablegen, auf Quellheiligtümer,
Ermitagen, Tempel, Klöster und Wallfahrtskapellen, die seit
Jahrhunderten von Menschen auf der Suche nach innerer Ein-

kehr und spiritueller Stärkung aufgesucht werden. Anders als ähnliche Bücher folgt dieser Ausflugsführer jedoch nicht Theorien, sondern erzählt ganz einfach spannende Geschichten. Es bleibt den Besucherinnen und Besuchern selbst überlassen, sich von der Schönheit und Bedeutung dieser Orte beeindrucken zu lassen.

Die Publikation will nicht wissenschaftlich-historische Fakten zur Bau- und Kunstgeschichte zusammentragen, sondern widmet sich der Bedeutung und der Faszination der mythischen Orte für die Menschen in der Vergangenheit und der Gegenwart. Dies gilt insbesondere dort, wo die Autorin unterschiedliche Legenden und Historien nebeneinander stellt – nicht alles ist schriftlich belegt, vieles basiert auf mündlichen Überlieferungen.

Den Hinweisen der Autorin und den Bildstrecken des Fotografen folgend, dürfen wir uns auf eine oberrheinische Entdeckungsreise freuen. Erleichtert wird uns dies durch Informationen zu Anfahrtswegen, Wanderrouten, Öffnungszeiten sowie durch weitere nützliche Angaben.

Der deutsch-französisch-schweizerische RegioTriRhena-Rat, dem Spitzenkräfte aus Kommunalpolitik, Wirtschaftsverbänden und Universitäten angehören, ist in vielen grenzüberschreitenden Bereichen aktiv. Er hat sich entschlossen, das Patronat für ‹Mythische Orte am Oberrhein› zu übernehmen und würdigt damit den Beitrag der Herausgeber daran, die Traditionen und die Schönheiten der ‹Dreiländereck›-Heimat nicht nur in der Region selbst, sondern auch darüber hinaus weiterzuerzählen.

Christian J. Haefliger

Das Belchen-Dreieck

BELCHEN-
DREIECK

ANFAHRT

BADISCHER BELCHEN
Bus ab Bahnhof Zell i.W.
bis Multen, danach
Belchenbahn

BELCHENFLUH UND
BALLON D'ALSACE
keine öffentlichen
Verkehrsmittel bis zum
Gipfel

Sonnenaufgang an
Beltene, Blick
vom Ballon d'Alsace
zum Grand Ballon

Den direkten Bezug zur Natur haben viele von uns heute verloren: Wenn es dunkel wird, drücken wir auf den Lichtschalter, wird es kalt, stellen wir die Heizung an. Selbst die Zeitmessung ist so einfach, dass das Design der Uhren oft wichtiger ist als die Lesbarkeit. In den letzten Jahren freilich hat sich die Erkenntnis, dass nicht alles machbar ist, immer mehr durchgesetzt. Gleichzeitig wächst das Interesse an Religionen und Weltanschauungen, die eine Harmonie zwischen Mensch, Natur und Kosmos anstreben.

Schon die Kelten verehrten bestimmte Quellen, Bäume und Tiere als göttlich und stellten sie in kosmologische Zusammenhänge. Sie entwickelten komplexe Systeme zur astronomischen Orientierung und Zeitmessung, wobei sie Methoden aus älterer Vorzeit übernahmen. Stonehenge in England und Goseck im heutigen Sachsen-Anhalt sind Beispiele für das Zusammenwirken von kosmologischen, topografischen und kulturellen Aspekten. Ein anderes Beispiel findet sich im so genannten ‹Belchen-System› am Oberrhein: Zwischen den ‹Sonnenbergen› Petit Ballon, Grand Ballon und Ballon d'Alsace in den Vogesen, dem Badischen Belchen im Schwarzwald und der Belchenfluh im Schweizer Jura lässt sich ein Netz von Linien vorstellen; viele davon lassen sich als Visurlinien (Sichtlinien) zwischen dem eigenen Standort und – beispielsweise – dem Ort des Sonnenaufgangs denken. So kann man, auf dem Ballon d'Alsace stehend, an den Tagundnachtgleichen den Sonnenaufgang über dem Badischen Belchen beobachten, und am 21. Dezember, der Wintersonnenwende, ist er über der Belchenfluh zu sehen.

An den Schnittpunkten von Visurlinien wurden früher häufig Siedlungen, in der Römerzeit dann Tempel und später mittelalterliche Kirchen errichtet. So liegt die spätkeltische Siedlung ‹Basel Gasfabrik›, deren Überreste beim heutigen Voltaplatz im Norden Basels gefunden wurden, im Schnittpunkt solcher

Visurlinien: der Belchen-Linie zwischen Belchenfluh und Petit Ballon sowie der Blauen-Linie zwischen den ‹Mondbergen› Jura-Blauen und Badischer Blauen (Hochblauen). Viele Kultstätten im oberrheinischen Dreiländereck sind auf den Sonnenaufgang am 21. Juni hin ausgerichtet, so das Basler Münster und die St. Theodorskirche von Basel; andere weisen zum Beispiel in Richtung der Sonnenaufgänge an den Tagundnachtgleichen. Bereits im römischen Augusta Raurica hatte man Strassenzüge, öffentliche Gebäude und Tempelanlagen nach den

Sonnenauf- und -untergängen an den Sonnwenden und den Tagundnachtgleichen angelegt und die Gebäude den jeweiligen Gottheiten geweiht.

Alle Belchen eignen sich als Ausflugsziel, jeder bietet hervorragende Aussicht auf die umliegenden Berge, ins Rheintal und, vor allem im Herbst, auf das Nebelmeer; an klaren Tagen reicht der Blick bis zu den Alpen. Will man etwas vom Belchen-System nachvollziehen, sollte man auf dem Ballon d'Alsace den

Sonnenaufgang an folgenden Tagen erleben: an den Sonnenwenden, den Äquinoktien und den keltischen Daten Beltene, Lugnasad, Samhain und Imbolc (siehe S. 223 ff.). Am besten zu beobachten ist diese Konstellation an Beltene und Lugnasad, denn dann geht die Sonne direkt hinter dem Grand Ballon auf, der dem Ballon d'Alsace am nächsten liegt.

Sonnenaufgang an der Tagundnachtgleiche, Blick vom Ballon d'Alsace zum Badischen Belchen

Die Frauen-Kirchen auf den drei Hügeln

BINNINGEN

ANFAHRT
Tram bis Haltestelle
Margarethen in Basel

WEG
2 Gehminuten bergauf

ÖFFNUNGSZEITEN
April bis September
8–12 Uhr und 14–17 Uhr.
Sonst nur zu Anlässen

BETTINGEN

ANFAHRT
Bus ab Tramstation
Bettingerstrasse (Riehen)
bis Chrischonaklinik

WEG
5 Gehminuten bergauf

ÖFFNUNGSZEITEN
täglich 7–19 Uhr

TÜLLINGEN

ANFAHRT
Bus ab Bahnhof Lörrach
bis Haltestelle Obertüllingen oder ab Basel (Klein-
hüningen) bis Weil (Altes
Rathaus)

WEG
ab Altweil 30 Gehminuten
bis Obertüllingen

ÖFFNUNGSZEITEN
täglich von 9.30 Uhr bis
Sonnenuntergang

St. Ottilien-Kirche in
Obertüllingen

Eine ganze Reihe von Legenden rankt sich um drei Frauen-Kirchen auf den Hügeln rund um Basel: um St. Chrischona am westlichen Dinkelberg oberhalb von Bettingen und Grenzach-Wyhlen, um St. Margarethen in Binningen am Basler Stadtrand – auf der Anhöhe am Eingang zum Leimental – sowie um St. Ottilia oberhalb von Lörrach auf dem Tüllinger Berg. Die drei Heiligen werden in der aus frühchristlicher Zeit überlieferten Sage von den ‹Elftausend Jungfrauen›, die mit der heiligen Ursula auf dem Weg von Rom nach Köln in Basel Halt machten, erwähnt: Sie sollen sich hier abgesetzt haben, um ihr Leben in Abgeschiedenheit als Klausnerinnen zu beschliessen. Chrischona soll jedoch bei Wyhlen, beim so genannten ‹Chrischonabettli›, vor Erschöpfung gestorben sein. Nach einer der zahlreichen Legenden sollen Männer die Tote am Rheinufer gefunden und auf ein Ochsengefährt gehoben haben. Ohne dass die Tiere von Menschenhand geführt worden wären, fanden sie den Weg auf den Berg hinauf. Im Walde wichen die Bäume und Felsen von selbst zurück, und oben angekommen, standen die Ochsen still. Die Männer, die dem Wagen gefolgt waren, deuteten dies als Zeichen Gottes, die Jungfrau an dieser Stelle zu begraben.

Eine weitere Geschichte, die sich um die drei Frauen rankt, handelt vom Schloss Pfeffingen, wo ein böser Ritter mit seinen drei Schwestern Margaretha, Chrischona und Ottilia gehaust haben soll: Er liess die Liebhaber der drei Jungfrauen enthaupten, und in der Folge sollen die drei Frauen auf dem Bruderholz, dem Dinkelberg und dem Tüllinger Berg Einsiedeleien errichtet haben, von wo aus sie einander täglich Lebenszeichen gaben: frühmorgens sollen sich die drei durch das Läuten ihrer Einsiedlerglocken begrüsst und abends mit Öllampen ein Zeichen gegeben haben. In anderen Geschichten wiederum werden sie als Töchter eines heidnischen Königs beschrieben. Solche Drei-Frauen-Legenden knüpfen vielfach an Glaubensvorstellungen

aus vorchristlicher Zeit an, zum Beispiel an Gestalten wie die keltisch-römischen Matronae, die germanischen Nornen oder an die Dreifaltigkeit der Mond-, Erd- und Sonnenmutter.

Bei St. Chrischona – die Kirche war ursprünglich der Pfarrkirche von Grenzach angegliedert – wurde von Archäologen 1974/75 ein frühmittelalterliches Grab gefunden und zudem eine grosse Zahl von Kindergräbern. Letztere weisen vielleicht auf ein früheres Patrozinium des heiligen Britzius, Schutzpatron der Kinder, hin. In der Nähe erscheint zumindest der

Flurname ‹Britzig› (siehe auch S. 147 f.). Kurt Derungs äussert in seinem Buch ‹Geheimnisvolles Basel› hingegen die Vermutung, der Name Britzig könnte auch eine vermännlichte Schreibweise von Brigit, der ‹Weissen Göttin›, sein.

Die Heiligsprechung der Ursula-Begleiterin Chrischona ist nicht belegt, jedoch hat sogar der Humanist Sebastian Brandt der Jungfrau ein Loblied gewidmet. Nach der Reformation verlor das Heiligtum seine Anziehungskraft, bis sich 1839 die von

Christian Friedrich Spittler gegründete Evangelische Pilgermission an diesem Ort einrichtete und das Kirchlein wiederherstellte. 1965 überliess die Stadt Basel das Gebäude der frommen Bewegung, die heute in den angrenzenden Liegenschaften ein theologisches Seminar betreibt.

«Der Margarethenhügel sieht ganz darnach aus, als ob hier schon ein heidnischer Kultort gestanden und das christliche Gotteshaus sich siegreich an seine Stelle gesetzt habe» schreibt Georg Schmidt-Abels in seinem Buch ‹Geheimnisvolle Regio›.

Drei Frauen am Grab Christi, Ausschnitt aus einem Wandbild in der St. Ottilien-Kirche

Als Frauenheiligtum dürfte dieser Kultort seine Ursprünge tatsächlich weit vor den Anfängen des Christentums haben. Viele weibliche Heilige haben vorchristliche Göttinnen als Vorgängerinnen; in diesem Fall weist ein überliefertes rätoromanisches Margarethenlied, welches Margaretha als Göttin darstellt, die unerkannt unter den Menschen weilte, auf diesen Umstand hin (vgl.Beat von Scarpatetti: Binningen, die Geschichte. Basel 2004), ebenso wie Darstellungen in der bildenden

Kunst, die Margaretha mit einem Drachen, dem sagenhaften Tiersymbol der Göttin Belena, zeigen. Als Heilige ist Margaretha den 14 Nothelfern zugeordnet. Der frühmittelalterliche Chor der Kirche in St. Margarethen ist, ebenso wie das Basler Münster, genau auf den Sonnenaufgang zur Sommersonnenwende ausgerichtet (siehe auch S. 33 ff.). Der Vorplatz der Kirche gibt den Blick frei bis in den Schwarzwald und die Vogesen.

Ein zauberhafter Ort zum Verweilen ist auch die Terrasse vor dem Tüllinger Kirchlein St. Ottilia in Obertüllingen, wo man

St. Margarethen-Kirche

unter schattigen Bäumen den Blick vom Schwarzwald über den Jura bis zur Burgunder Pforte und zu den Südvogesen schweifen lassen kann. Von Alt-Weil aus führt eine Landstrasse und später ein schöner Fussweg durch die Rebberge ins obere Dorf. In der Kirche gibt es wieder einen Hinweis auf eine Frauen-Dreiheit: das Fresco der drei Frauen Maria Magdalena, Maria-Salome und Maria-Kleopas am Grab Christi; es wird Konrad Witz zugeschrieben. In der entsprechenden Wand-

St. Chrischona-Kirche

nische soll noch vor dreissig Jahren eine bäurisch anmutende, bemalte Dreifrauen-Skulptur aus Holz gestanden haben, die heute verschollen ist. Wer das Patrozinium der Kirche innehatte, ist nicht überliefert, es wird jedoch vermutet, dass es sich um eine Michaelskapelle handeln könnte, die am Ort eines vorchristlichen Heiligtums errichtet wurde. Den Namen ‹St. Ottilien-Kirche› hat die Kirchgemeinde ihrem Gotteshaus erst gegen Ende des 20. Jahrhunderts gegeben.

Die Ermitage – ein Ort voller Geheimnisse

ARLESHEIM

ANFAHRT
Tram bis Haltestelle
Arlesheim Dorf

WEG
5 Gehminuten über
Dorfplatz und Dorfgasse
bis zur Ermitage

ÖFFNUNGSZEITEN
das Gelände ist jederzeit
zugänglich

HINWEIS
Parkplätze im Dorf

Ein zauberhaftes Tälchen hinter Arlesheim birgt eine Menge Geheimnisse. Mit den stillen Fischweihern und dem Burghügel mit seinen Höhlen bildete es schon vor langer Zeit den idealen Ort für die Anlage eines Landschaftsgartens. Es war Baronin Balbina von Andlau, geborene von Staal – die kultivierte Gattin des Franz Karl von Andlau, Obervogt über Pfeffingen und Birseck – die vor etwas mehr als zweihundert Jahren gemeinsam mit einem Cousin, dem Domherren Heinrich von Ligertz, die Idee zur Ermitage verwirklichte.

In der Zeitenwende kurz vor der Französischen Revolution nahm, vor allem in der Aristokratie, die Polarisierung zwischen atheistisch-materialistischen Ideen einerseits und naturalistischen Konzepten andererseits zu. Erstmals fasste man eine ‹Erziehung des Volkes› ins Auge, im Sinne der Ideen von Jean-Jacques Rousseau. In England entstanden erholsame Gärten, die völlig im Gegensatz zur strengen Geometrie der französischen Gartenanlagen standen, wie sie als Abbild von Versailles damals Mode waren. Doch auch in Frankreich selbst entstanden in den 1870er Jahren Gärten nach Rousseauschen Ideen, so in Ermenonville nördlich von Paris, wo der Dichter 1778 starb und beigesetzt wurde.

Balbina von Andlau gestaltete die Anlage des Landschaftsgartens von Arlesheim ganz im Sinne Rousseauscher Prinzipien. Dabei kam die Natur den Erbauern entgegen: Bach,

Grotten, Mühle und Mühleteich waren schon vorhanden, und der Schlossfelsen mit seinen natürlichen Höhlen musste nur noch durch Pfade zugänglich gemacht werden. Maler, Bildhauer und Dichter beteiligten sich an der Verwirklichung dieser Ideen, bis 1785 das Werk vollendet war. In einem der beiden Waldhäuser, der ‹Büchsenschmiede›, wohnte damals der Maler J. B. Stuntz, bei dem die Besucher Ansichten der Ermitage kaufen konnten.

Die Idylle währte allerdings nur kurz; im Zuge der Französischen Revolution zündeten revoltierende Soldaten und Bauern am 10. August 1792 das Schloss Birseck an, wobei auch die Ermitage zerstört wurde. Der Vogt und die Domherren von Arlesheim brachten sich in Sicherheit – für 22 Jahre gehörte nun Arlesheim zu Frankreich und erlebte den Aufstieg und Niedergang Napoleons. 1808, als die Revolutionswelle verebbt war, kehrte Conrad Friedrich Carl von Andlau, der Sohn des Obervogts und der Balbina von Andlau, nach Arlesheim zurück und stellte die Anlage mit Hilfe des greisen Heinrich von Ligertz wieder her. Zur Attraktion wurde jetzt die wiedererrichtete Burg Birseck, deren Hof mit exotischen Bäumen bepflanzt wurde. Ein runder Tisch sollte an die Tafelrunde des Königs Artus erinnern – an die Stelle der Naturphilosophie war die Ritterromantik getreten. Dass die Gralsburg, in der Parzival mit seiner Mutter Herzeloide lebte, einst tatsächlich in der Ermitage gestanden hat, versucht der Autor W. Greub in seinem

1996 erschienenen Buch ‹Wolfram von Eschenbach und die Wirklichkeit des Grals› nachzuweisen. Sicher ist, dass die Höhle beim ehemaligen ‹Rittiplatz› bereits in der Steinzeit bewohnt war. Einige der fast zweitausend Fundgegenstände gehen bis auf die Zeit um 12 000 v. Chr. zurück. Der Schlossberg soll Zufluchtsort der heiligen Odilia (siehe auch S. 129 ff.) gewesen sein, die auch die Patronin des Arlesheimer Doms ist.

Tritt man heute bei der alten fürstbischöflichen Mühle durch das Felsentor in die Ermitage ein, so öffnet sich in der Eingangsgrotte eine Felsentreppe. Kleine Irrwege necken hier den überraschten Spaziergänger. Sie führen zu einer Höhle, der ‹Grotte der Calypso›, mit schönem Vorplatz, auf dem früher ein Holzkarussell stand. In der Höhle sind bemalte altsteinzeitliche Kiesel – Zeugnisse eines Kultes – gefunden worden. Draussen glucksen geheimnissvoll Rinnsale über die moosigen Felsen beim Salamanderteich. Man steigt zu einer Grotte auf, die dem Zürcher Malerpoeten Salomon Gessner (1730–1788) gewidmet ist. Dicht daneben steht, direkt an der Felswand, die ‹Waldbruderklause› – eine echte Einsiedelei ist hier freilich nie gewesen. Der bei einer Ruhebank in den Fels eingemeisselte Sinnspruch steht in Zusammenhang mit dem Leitgedanken ‹Zurück zur Natur›: «O beata solitudo – o sola beatitudo» (o glückselige Einsamkeit – o einzige Glückseligkeit).

Der Pfad führt an der Kapelle des Eremiten vorbei zu einem grossen Holzstoss, der sich bei genauer Betrachtung als gemütliches Aussichtsstübchen mit Eingangstürchen entpuppt. Weiter kommt man zu einer Felsenkluft, ursprünglich ‹Grotte der Diana›, die zwischen 1790 und 1808 zur Erinnerung an die Schlacht von Dornach im Jahre 1499 ‹Grotte des Verhängnisses›, nach der Französischen Revolution wiederum ‹Bad der Diana› genannt wurde. Auf der Rotunde öffnet sich die Aussicht über das ganze Birseck bis hin zur Ruine Landskron, der ‹Temple rustique› lädt zum Verweilen ein. Hier, am Aufgang zur Ruine des Schlosses Birseck, soll sich ein ausserordentlicher Kraftpunkt befinden, wie Blanche Merz in ihrem Buch ‹Orte der Kraft in der Schweiz› schreibt: Er sei so intensiv, dass man zwar innehalten, aber nicht allzu lange bleiben solle. Ein überdeckter Spalt markiert das Ende des Lichtschachts der darunter liegenden Proserpina-Grotte.

Beim Abstieg zu den Weihern stösst man bei der Apollo-Grotte auf eine eingemeisselte Leier. Eine Hieroglyphentafel mit wunderlichen Zeichen hält den Betrachter mit ihrem Bilderrätsel fest. Sie ist ein Überbleibsel des so genannten ‹Weisheitstempels›, der früher den gesamten Platz einnahm und zu dem an die zwanzig Spruchtafeln gehörten, die in verschiedenen Sprachen Weisheiten zahlreicher Länder enthielten, sowie die Gedenkinschrift: «Gast, Freund, nimm die Kostbarkeiten der Natur auf. Du schuldest sie dem Fleiss der Balbina von Andlau und Heinrich von Ligertz 1785». Das Glanzstück des Gartens war lange Zeit die mehrstöckige Grabesgrotte, die Proserpina (Persephone), der Göttin der Unterwelt, geweiht war und später in ‹Auferstehungsgrotte› umgetauft wurde, um heute wieder Proserpina-Grotte zu heissen. Hier steht das Grabmal Balbinas von Andlau aus dem Jahr 1798.

Auf dem weiteren Weg kommt man am Denkmal für den französischen Dichter J. Delille (Virgil de Lille) vorbei, den Übersetzer von Vergil, der es besonders eindrucksvoll verstanden hatte, seinen Zeitgenossen die Schönheiten der Natur näher zu bringen. An der früheren Ölmühle vorbei führt der Weg zum ‹Dreiröhrenbrunnen›, der um 1870 erstellt worden ist. Am grossen Weiher, den man zuletzt erreicht, gab es seit 1787 ein ‹Châlet des Alpes›, das auf alten Bildern mit Trachtenmädchen und Alphornbläsern dargestellt ist – heute sind alle Spuren davon verschwunden.

Unter dem Schutz von Apollo

AUGUSTA
RAURICA
ANFAHRT
Bus bis Haltestelle Augst
oder S-Bahn bis Bahnhof
Kaiseraugst oder Schiff
ab Basel Schifflände
bis Kaiseraugst (Juli bis
September)
WEG
10 Gehminuten
(Giebenacherstrasse)
ÖFFNUNGSZEITEN
Römermuseum Mo 13–17
Uhr, Di–So 10–17 Uhr;
November bis Februar
12–13.30 geschlossen;
das weitläufige Gelände
ist jederzeit zugänglich,
einige Monumente nur
während der Öffnungszei-
ten des Museums
HINWEIS
Parkplätze ausgeschildert

Herkules mit dem
Löwenfell aus dem
Heiligtum in der
Grienmatt

Eine ganze Reihe von Tempel-
anlagen ist bei den Ausgrabungen in Augusta Raurica zum
Vorschein gekommen; sie belegen, wie auch an anderen Orten,
die starke Präsenz der Götterwelt im antiken Alltag. Munatius
Plancus, ein erfolgreicher Feldherr, hatte von Julius Cäsar kurz
vor dessen Ermordung im Jahre 44 v. Chr. den Auftrag zur
Anlage dieser römischen Kolonie auf dem Siedlungsgebiet der
Rauriker erhalten.

Unter Kaiser Augustus (27 v. Chr. bis 14 n. Chr.) erhielt die Stadt
einen neuen Namen, der auf einer Bronzeinschrift festgehalten
ist: Colonia Paterna Munatia Felix Apollinaris Augusta Emerita
Raurica. Der Name weist auf die Bedeutung Apollos hin, unter
dessen Schutz die Bürger sich stellten und der im Tempel in der
Grienmatt verehrt wurde.

Der grösste Teil der Bevölkerung bestand aus hier ansässigen
Raurikern. Von der Verbindung ihrer Kultur mit römischen
Vorstellungen zeugen vor allem die verschiedenen, am Westrand der Stadt errichteten gallo-römischen Vierecktempel. Das
Zentrum der Stadt, deren Planung nach kosmologischen Ge-
sichtspunkten angelegt war (siehe auch Seite 11 ff.), befand sich
beim Hauptforum, dem öffentlichen Platz, mit dem Podium-
tempel für den Kaiserkult im Westen, der Basilica (einem Ge-
richts- und Börsengebäude) und der kreisrunden Curia, dem
Versammlungssaal des Dekurionenrates, im Osten. Vor der
Tempeltreppe fand man das stattliche Fundament eines

Opferaltars, der einst mit Carrara-Marmor verkleidet war. Auf seiner Ostseite ist das Bild eines Adlers zu sehen, der die Flügel ausbreitet und ein Bündel Blitze in seinen Krallen hält. Heute steht eine Rekonstruktion aus Kunststein an dieser Stelle. Reste von monumentalen, vergoldeten Bronzebuchstaben bildeten wahrscheinlich die Tempelinschrift «ROMAE ET AUGUSTO», der Ort war der Göttin Roma und dem mit Kaiser Augustus einsetzenden Kaiserkult geweiht.

Nach Westen schliesst sich an das Zentrum das besterhaltene römische Theater nördlich der Alpen an. Hier wurden neben Volksschauspielen mit grosser Wahrscheinlichkeit auch religiöse Feierlichkeiten abgehalten. Hinweis darauf gibt die axiale Verbindung des Theaterbaus mit dem grossen Tempel auf dem heutigen Schönbühl, dessen Freitreppe mit den 68 Zentimeter hohen Stufen eine monumentale Wirkung ausstrahlt. Dank der wunderbaren Lage auf der Anhöhe öffnet sich ein grossartiger Rundblick in die Landschaft.

Das römische Theater

Mehrere in diesem Bezirk gefundene Vierecktempelchen gehörten zu einem älteren, gallorömischen Tempelkomplex; von
hier aus hat man eine direkte Sicht zum Vierecktempel auf der
Schauenburger Fluh, in dem möglicherweise Merkur verehrt
wurde, der römische Gott des Handels. Besonders in Bergheilig-
tümern, wie auch dem Donon (siehe S. 87 ff.), wurde Merkur
verehrt; das Heiligtum auf der Schauenburger Fluh ist bis in die
Spätantike besucht worden.

Etwas abseits, südwestlich vom Schönbühl, liegen die Ruinen
eines weiteren Tempels, der zu einem Heilbad gehörte, in dem
eine Reihe von Gottheiten, unter anderem der Heilgott Aescu-
lap, verehrt wurde. In der Grienmatt bestand ein sakraler Kur-
betrieb, in dem unter Anleitung heilkundiger Priester sowohl
medizinische Kuren als auch Gebete und Opferrituale durchgeführt wurden. Das Wasser des Bades kam vermutlich aus dem
Rauschenbächlein, dessen Quelle weiter südöstlich ‹auf der
Birch› liegt. Das Heiligtum war wohl der einheimischen kelti-

Überreste der Tempel-
anlage in der Grienmatt

schen Quellgottheit in der Gestalt Apollos geweiht – dem Beschützer von Augusta Raurica. Ihm schrieb man auch die Heilkraft des Rauschenbächleins zu; zumindest weisen mehrere Funde, darunter zwei Löwengreifen aus Bronze, beliebte Attribute Apollos, darauf hin.

Eine ganze Reihe weiterer gallo-römischer Vierecktempel war am Westrand der Stadt auf der Flur Sichelen und im Osten auf der Flühweghalde angesiedelt. Auf Sichelen hat man bei den

Grabungen unter anderem eine als Diana dargestellte einheimische Göttin entdeckt sowie die Statue einer gallischen Mutter- oder Schutzgottheit. Überdies ist in der ‹Heidenmauer›, den Überresten des spätrömischen Kastells in Kaiseraugst, eine beeindruckende Venus-Skulptur zum Vorschein gekommen. Tatsächlich wurden auch in den Wohn- und Handwerkerquartieren der Stadt unzählige Götterstatuetten ausgegraben, gab es doch damals kaum ein Haus und keine Werkstatt ohne Lararium (Hausheiligtum). In ihrer Publikation ‹Götter und

Im Grienmatt-Tempel hat man Altäre gefunden, die wohl Apollo und dem Heilgott Aesculapius geweiht waren

Lararien aus Augusta Raurica› stellt Annemarie Kaufmann-Heinimann diese Altäre ausführlich dar.

Nachdem das Christentum im Römerreich Fuss gefasst hatte, entwickelten die gallo-römischen und die christlichen Bevölkerungsteile auf den Ruinen der römischen Kultur eine erste christliche Zivilisation. Unter den Bistümern der Schweiz wird jenes von Augst, das später nach Basel transferiert wurde, als frühestes erwähnt: Im Jahre 346 wird Justinianus Episcopus Rauricorum in der Kölner Bischofsliste als Bischof von Augst, im 7. Jahrhundert Ragnachar als Bischof von Augst und Basel genannt. Die erste christliche Gemeinde wurde im Kastell in der Unterstadt von Augusta Raurica gegründet, aus dem sich später das Dorf Kaiseraugst entwickelt hat. Unterhalb der christkatholischen Galluskirche von Kaiseraugst findet man am Rheinufer eine im 4. Jahrhundert errichtete, frühchristliche Kirche, die noch heute erhalten ist und besichtigt werden kann.

Sonnenaufgang in der Münster-Krypta

BASEL

ÖFFNUNGSZEITEN
Ostersonntag bis 15.10.:
Mo–Sa 11–16 Uhr,
So 14–16 Uhr;
16.10. bis Karsamstag:
Mo–Sa 11–17 Uhr,
So 11–16 Uhr;
Krypta im Winterhalbjahr
geschlossen
HINWEIS
der Münsterplatz ist für
PKW gesperrt

Sonnenaufgang über
der Hohen Möhr am Tag
der Sommersonnen-
wende, im Vordergrund
das Basler Münster

Immer mehr Menschen finden sich Jahr für Jahr an einem Morgen um den 21. Juni auf der Pfalz ein, der Aussichtsterrasse hinter dem Basler Münster. Falls das Wetter am längsten Tag des Jahres klar ist, kann man hier einen eindrucksvollen Sonnenaufgang erleben: Kurz nach halb sechs Uhr schiebt sich die hellrote Kugel über die Hügelkette der Hohen Möhr im Schwarzwald. In einer Linie über die St. Martinskirche in Riehen und die St. Theodorskirche in Klein-basel hinweg trifft ihr erster Lichtstrahl die Kastanienbäume auf der Pfalz und fällt, gebrochen vom Blätterwerk, durch das zentrale Chorfenster ins Münster ein. Er scheint in die Krypta, die ursprüngliche Grablege der Basler Bischöfe, und wirft einen hellen Lichtfleck an die gegenüberliegende Wand – ein beeindruckendes Phänomen, dem freilich kein Zufall zu-grunde liegt.

Kirchen und Kapellen wurden oft an prähistorischen oder anti-ken Stätten angelegt und orientierten sich nach dem Sonnen-aufgang an einem der kalendarischen Richttage. So ist bei-spielsweise die Basler Martinskirche auf den Sonnenaufgang am 1. Mai ausgerichtet – der Martinstag ist der 11. November und steht im Jahreszyklus dem Maifest gegenüber; St. Peter in Basel liegt auf der Linie der Tagundnachtgleiche im Herbst (Herbst-Äquinoktium). Das Basler Münster wiederum wurde an der Stelle des ehemaligen keltischen Oppidums erbaut, im rechten Winkel zu jener Strassenachse, die den Petit Ballon mit der Belchenfluh verbindet (siehe S. 11 ff.), und weist damit exakt in Richtung des Sonnenaufgangs am längsten Tag des Jahres. So übernahm die christliche Anlage die Ausrichtung der antiken Strassen und verschiedener Vorgängerbauten, deren Orientierung wiederum mit der Lage des Hauptstrassennetzes der römischen Koloniestadt Augusta Raurica zusammenhängt.

Die Tage der Sonnenwenden und der Äquinoktien hatten schon im Festkalender der prähistorischen und frühgeschichtlichen Kulturen besondere Bedeutung und wurden auch im christlichen Kalender übernommen. Vom 21. Juni an geht die Sonne für eine Woche praktisch am selben Ort auf. Der Stillstand während der Sommersonnenwende wird Solstitium genannt. Im Christentum entspricht der Johannistag (24. Juni) der Sommersonnenwende, er steht dem Weihnachtsfest zur Wintersonnenwende am 24. Dezember gegenüber. Interessanterweise wird Johannes der Täufer als einziger Heiliger, genau wie Christus, an seinem Geburtstag und nicht an seinem Todestag gefeiert. Ob die Johannisfeuer, die in ganz Europa bekannt sind und rund um den 21. Juni in grosser Zahl im Elsass vor allem auf den Anhöhen lodern, keltischer Tradition entstammen, ist nicht bekannt; möglicherweise gehen sie auch auf vorchristliche Signalfeuer zur Nachrichtenübermittlung zurück. Noch heute verbinden sich aber mit den Johannisfeuern magische Vorstellungen, wie etwa der Brauch vom ‹Tanneverbrenne› in Thann, bei dem die Holzkohlereste von den Menschen eingesammelt und zu Hause zum Schutz vor Feuersbrünsten aufbewahrt werden (siehe S. 163).

Die Anfänge des Basler Münsterbaus liegen im Dunkeln. Sicher ist, dass in der ersten Hälfte des 9. Jahrhunderts eine grosse karolingische Kathedrale mit zwei Rundtürmen entstand. Bauherr war der bedeutende Basler Bischof Haito, der hier von 805 bis 823 residierte und Abt von Reichenau/Mittelzell am Bodensee war. Etwas später wurde auf der Pfalz, östlich des heutigen Chors, ein kleiner, mit drei Apsiden abgeschlossener Kultbau errichtet. Ob es sich dabei um eine Aussenkrypta des Haito-Baus oder um eine eigenständige, vielleicht zweigeschossige, der Bischofsresidenz angeschlossene Kapelle handelte, ist bisher nicht geklärt. Die Krypta kann heute über eine Aussentreppe von der Pfalz aus betreten werden, den Schlüssel erhalten Besucher am Verkaufsstand beim Münstereingang.

Nach der ersten Jahrtausendwende liess Bischof Adalbero II.

Dämonen an der
Galluspforte

einen ottonisch-frühromanischen Neubau des Münsters errichten, der 1019 dem Salvator, dem Heiligen Kreuz, der Gottesmutter Maria und weiteren Heiligen geweiht wurde. Der von Kaiser Heinrich II. geförderte Bau erhielt eine erweiterte Krypta, die beim spätromanischen Neubau im 12. Jahrhundert erhalten blieb. Die heutige Krypta mit ihrer stimmungsvollen, dreischiffigen Pfeilerhalle wurde nach dem Erdbeben von 1356 neu aufgebaut. An ihrer Rückwand ist durch zwei vergitterte Türen ein niedriger Raum zu sehen: die ehemalige, unter der

Vierung gelegene vordere Krypta, die bei der Innenrenovation von 1852 bis 1857 abgebrochen wurde.

Der Begriff ‹Krypta› lässt übrigens verschiedene Deutungen zu: Im antiken Sprachgebrauch verstand man darunter einen gedeckten Gang, ein unterirdisches Gewölbe oder eine Höhle; in altchristlicher Zeit und im frühen Mittelalter wurden damit Katakombengänge und -kammern bezeichnet. In frühchristlicher Zeit lag das Grab der Märtyrer in den ihnen geweihten

Kirchen unter dem Altar, der unten kleine Öffnungen hatte, damit man vom Kirchenraum aus den Sarkophag sehen konnte. Später wurde um den Altar ein unterirdischer Gang geführt, der, durch Treppen zugänglich, die Apsis umzog und in seiner Mitte einen Zugang zum Kultgrab freigab. Diese so genannte Ringkrypta ermöglichte den Gläubigen, sich ohne Störung des Gottesdienstes den Reliquien zu nähern – eine Vorform der späteren Krypten, die als Grablege dienten. Als die älteste ihrer Art und als Vorbild für all jene, die seit dem 8. Jahrhundert auch

Lichteinfall in der Krypta am Tag der Sommersonnenwende

nördlich der Alpen entstanden, gilt die unter dem Petersdom in Rom liegende, Gregor dem Grossen zugeschriebene Ringkrypta. Am Ende dieser Entwicklung stehen die seit dem 11. Jahrhundert vor allem in Frankreich, aber auch in Deutschland erbauten Hallenkrypten, die später als vielschiffige Unterkirchen verbreitet waren. Die vermutlich dem heiligen Mauritius geweihte, unerhört stimmungsvolle Krypta der Basler Leonhardskirche gehört zu diesem Typus. Nur ein Teil dieser Hallenkrypten war für den Grabkult bestimmt; mit Altären ausgestattet, dienten manche von ihnen auch als Kapellen.

Krypten widersprachen dem gotischen Streben nach Vereinheitlichung des Raumes, und so sind sie in den französischen Kathedralen des 12. Jahrhunderts schon nicht mehr zu finden. In späterer Zeit jedoch wurden in Barockkirchen gelegentlich noch Krypten als Fürstengrüfte angelegt.

Ein interessantes Lichtphänomen, ähnlich dem von Basel, lässt sich auch im Strassburger Münster beobachten, wo um den Frühjahrs- und Herbstbeginn herum bei Sonnenschein ein geheimnisvoller grüner Lichtstrahl zu sehen ist: Gegen zwölf Uhr mittags fällt ein Sonnenstrahl durch ein grün gefärbtes Mosaikfenster des südlichen Seitenschiffs. Er beschreibt im Hauptschiff einen perfekten Halbkreis, dessen höchsten Punkt der Christuskopf über der Kanzel bildet. Diese Erscheinung ist an sieben Tagen jeweils für zwanzig Minuten zu beobachten.

BEINWIL

ANFAHRT
Bus ab Bahnhof Laufen
bis Haltestelle Beinwil
Post

ÖFFNUNGSZEITEN
täglich 8–20 Uhr

HINWEIS
das Gästehaus des
Klosters beherbergt
Einzelgäste und Gruppen
bis 12 Personen,
Kontakt: Kloster Beinwil,
CH–4229 Beinwil,
Tel. +41 (0)61 791 95 70

Viele Klöster, die einst eine bedeutende Rolle im religiösen, aber auch im wirtschaftlichen Leben spielten, beherbergen heute andere Institutionen. Zu ihnen gehört auch das Kloster Beinwil, Wahrzeichen am Passwang im solothurnischen Schwarzbubenland. Es wird von einer kleinen ökumenischen Gemeinschaft geführt. Auf der Grundlage des Evangeliums und der Regeln Benedikts von Nursia empfängt man Menschen aller Konfessionen, die hier, an einem Ort der Stille, Stunden, Tage, Wochen oder Monate verbringen möchten. Das tägliche Leben beruht dabei auf einer Abfolge von Gebetszeiten, Meditation und Arbeit; ausserdem gibt es die Möglichkeit zu persönlichen Aussprachen.

Das Benediktinerkloster Beinwil wurde am Ende des 11. Jahrhunderts durch den Abt Esso von Hirsau (im nördlichen Schwarzwald) gegründet, nicht zuletzt als Hospiz für Durchreisende auf dieser Sonnenterrasse zwischen Laufen und Balsthal. Es erlebte bald eine grosse materielle und geistige Blüte, geriet jedoch nach dem 13. Jahrhundert in die politischen Auseinandersetzungen der Städte Basel und Solothurn und wurde dabei mehrfach verwüstet. 1633 kehrte in den neu erstellten Gebäuden wieder ein Klosterleben ein, doch verlegte der damalige Abt Fintan Kieffer 1648 den Konvent von Beinwil zum nahen Wallfahrtsort Mariastein (siehe S. 43 ff.), einem klimatisch und wirtschaftlich günstigeren Ort. Als Erinnerung an Beinwil trägt Mariastein noch heute in seinem Wappen zwei grosse Knochen, wie sie auch das Wappen von Beinwil zieren. Ende des 17. Jahrhunderts wurde Beinwil von Mariastein aus wieder im Barockstil aufgebaut. Durch die Klosteraufhebungen während des Kulturkampfs im 19. Jahrhundert, der grossen Auseinandersetzung zwischen katholischer Kirche und Staat, gelangten Kloster und Kirche ins Eigentum der katholischen Kirchgemeinde des Dorfes. Die Kirche wurde 1978 renoviert, doch noch im gleichen Jahr zerstörte eine Feuersbrunst das

Werk. Das um den stilvollen Kreuzgang angelegte Konventgebäude erlitt ebenfalls beträchtlichen Schaden, und der Wiederaufbau wurde, dem Willen von Volk und Behörden entsprechend, rasch in Angriff genommen. Die Kirche erhielt erneut ihre prächtige, bemalte Holzdecke über Schiff und Chor. Der zerstörte Hochaltar konnte durch ein barockes Werk aus dem Wallis ersetzt werden, und die beiden Seitenaltäre stammen aus der alten Kirche von Le Noirmont im Jura. Einmalig sind auch die kraftvollen hölzernen Bögen des

Kreuzgangs, um den sich das Konventgebäude gruppiert. Beim Wiederaufbau kamen in den Klosterräumen bedeutende bemalte Holzdecken zum Vorschein, die bis zum Brand unter Gipsdecken verborgen gewesen waren.

1980 gründete der Abt von Mariastein in Zusammenarbeit mit dem Kirchenratspräsidenten der Evangelisch-reformierten Kirche Basel-Stadt die Stiftung Kloster Beinwil, welche die ökumenische Begegnungsstätte Kloster Beinwil trägt, während die Kirche weiterhin im Besitz der Kirchgemeinde des Dorfs verbleibt.

Die Gnadenhöhle im Fels

MARIASTEIN

ANFAHRT
Bus ab Tramstation Flüh
bis Mariastein (mindestens
einmal stündlich)

WEG
ab Flüh 30 Gehminuten
den Steinrain hinauf, dann
Waldweg bis Mariastein

ÖFFNUNGSZEITEN
täglich 5–20 Uhr

HINWEIS
Parkplätze vorhanden.
Mehrtägige Aufenthalte
werden vom Kloster
Mariastein angeboten,
Kontakt:
Benediktinerkloster
CH–4115 Mariastein,
Tel. +41 (0)61 735 11 11
Fax +41 (0)61 735 11 03

Maria im Stein, das Ziel
vieler Wallfahrender

Im engen Tal, das von Flüh zur Burg Rotberg hinaufführt, liegt hinter der rechten Felswand die Höhle der ‹Maria im Stein›, und darüber erheben sich eine Wallfahrtskirche und ein mächtiges Benediktinerkloster. In die ‹Gnadenhöhle› führt links vom Kirchenportal ein langer, gewölbter Gang, dessen Wände mit Votivtafeln aus Marmor und Granit bedeckt sind. Worte wie «Maria hat geholfen», «merci» und «grazie Maria» sind darauf eingemeisselt, vereinzelt sind auch tamilische Schriftzüge auszumachen. Auch die in der Schweiz lebenden Hindus betrachten Mariastein als heiligen Ort, stellt doch Maria im Stein für sie die dunkle Leben-im-Tod-Göttin Kali dar, die hier von ihnen verehrt wird.

Es wird vermutet, dass die der aufgehenden Sonne zugewandte Höhle schon in vorchristlicher Zeit ein kultischer Ort war. Noch während des ersten Jahrtausends des Christentums mussten Kaiser und Päpste die Menschen mit List, aber auch mit Gewalt davon abhalten, an derartigen Kultplätzen – bei Steinen, Bäumen, Quellen und Höhlen – ihre Ahnen, Göttinnen und Götter zu verehren.

Vorbei an der ‹Reichensteinischen Kapelle› führt der Weg über neunundfünfzig Treppenstufen steil hinab zum Heiligtum, zur Höhlenkapelle mit dem berühmten Gnadenbild der ‹Mutter vom Trost›, einer sitzenden Marienstatue im Prunkgewand, die das Jesuskind auf dem rechten Arm hält und vermutlich auf eine gotische Figur zurückgeht. Pater Dominikus

Ginck, der Verfasser des Mariasteiner Mirakelbuches (zitiert in der Wallfahrtsgeschichte von Mariastein von P. Hieronimus Haas) schrieb dazu 1693: «So ist dieses Bild braunlecht, doch etwas mit Rosen- oder Leibfarb undermengt und lächelndem Angesicht, also dass selbiges ohne sonderbare Hertzens Erquickung nicht kann angesehen werden.» 266 wunderbare Ereignisse enthält das Mirakelbuch von 1693, darunter auch immer wieder ‹Fallwunder›. Die Tradition des Mirakelbuches

wird heute zwar nicht weitergeführt, dennoch pilgern weiterhin die Menschen in grosser Zahl mit ihren Anliegen zum Gnadenbild.

Die Wallfahrt nach Mariastein wird seit dem 15. Jahrhundert erwähnt. Der Legende nach soll die Frau eines Hirten im Eichwald über der Fluh Vieh gehütet haben. Um der Hitze zu entgehen, begab sie sich mit ihrem Kind in eine Höhle im Fels und fiel dort in tiefen Schlaf. Das Kind hingegen blieb wach, wagte sich beim Spiel zu weit über den Felsrand hinaus und stürzte ins Tal. Als die Mutter erwachte und ihr Kind suchte, stieg sie den steilen Pfad ins Tal hinunter, wo sie es zu ihrem grossen Erstaunen unversehrt und Blumen pflückend fand. Auf die Frage, wie es hierher gekommen sei, antwortete das Kind: «Eine überaus schön hellglänzende Jungfrau, gleich wie die Sonn, von gar vil lieben Englein begleitet» habe es im Sturz in ihrem Schoss aufgefangen. Dieses erste ‹Fallwunder› wird in die Zeit um 1380 datiert, bald danach wurde über dem Felsen

eine Behausung für einen Einsiedler gebaut, der den heiligen Ort behüten und betreuen sollte.

Die älteste schriftliche Erwähnung der «capella sancte Marie im Stein» geht auf das Jahr 1434 zurück, als ein Streit zwischen dem Rektor der Pfarrkirche von Metzerlen und dem Ritter Arnold von Rotberg um die Opfergelder geschlichtet wurde. 1470 übernahmen die Basler Augustiner-Eremiten die Kapelle im Stein; 1515 verkaufte Ritter Arnold von Rotberg, der Grossneffe des oben Erwähnten, seine Herrschaft und damit auch den heiligen Bezirk von Mariastein an die Stadt Solothurn. Die Augustiner verliessen 1529 ihr Kloster in Basel und das Marienheiligtum im Stein und traten zum reformierten Glauben über. Im Zuge der Reformation wurden 1530 die Bilder und der Zierschmuck ‹Unserer Lieben Frau im Stein› verbrannt und der Zugang zur Gnadenhöhle zugeschüttet. Doch 1541, während der Pestzeit von Pfirt (dem heutigen Ferrette), flüchtete Junker Hans Thüring Reich von Reichenstein mit seinen Angehörigen nach Mariastein. Hier stürzte er am 13. Dezember desselben Jahres vom Fels, kam jedoch mit dem Leben davon und erlitt nur einen Kieferbruch. Dieses neue Wunder erregte grosses Aufsehen und zog in der Folge erneut Pilgerscharen nach Mariastein. Der Vater des Junkers liess den Hergang des «Mirakels» durch den Stadtschreiber von Pfirt auf eine Pergamenturkunde niederschreiben und durch einen Maler auf einer grossen Holztafel darstellen. Dieses Gemälde ist das älteste Bild von Mariastein und enthält auf der Rückseite die Erzählung «dises wunderbarlichen grossen Mirackels». Es hängt in der oberen, der ‹Reichensteinischen› oder ‹Sieben-Schmerzen-›Kapelle, wo auch ein Votivbild der Leimentaler Gemeinden zu finden ist, das seit dem 17. Jahrhundert bei drohenden Gefahren immer wieder ergänzt wurde.

Zu Beginn des 17. Jahrhunderts verlegten die Mönche des Benediktinerklosters Beinwil (siehe S. 39 ff.) ihren Konvent nach Mariastein, renovierten die Wallfahrtskirche und die Gnadenhöhle und verbesserten den Zugang. Interessanterweise ist in den Kirchenakten nirgends die Rede von einem Gnadenbild, doch muss man annehmen, dass ein solches schon seit langem in der Höhle verehrt wurde.

Mit der Flucht der Mönche während der Revolutionszeit begann eine wechselvolle Geschichte: Das Kloster wurde aufgehoben, teilweise verwüstet und 1874 säkularisiert. Der Konvent ging ein Jahr später nach Delle ins Exil, doch die Wallfahrt wurde von einigen Mönchen und dem in Solothurn residierenden Bischof aufrecht erhalten. 1971 schliesslich wurde die Benediktinerabtei staatsrechtlich wiederhergestellt. In der Folge wurden die Klosteranlage und die Wallfahrtskirche umfassend renoviert.

Auf der Anhöhe, die sich in Richtung Flüh erstreckt, führt hinter dem ehemaligen Klosterhof ein Weg hinauf zur St. Anna-Kapelle, in der Fresken aus dem 15. und 17. Jahrhundert erhalten sind. Kulturhistoriker deuten die heilige Anna, Patronin der Fruchtbarkeit – ihr sind im Alpenraum zahlreiche Kapellen geweiht – als Transformation einer keltischen Göttin, der Ana.

OLTINGEN

ANFAHRT
Bus ab Bahnhof
Gelterkinden
bis Oltingen Post

ÖFFNUNGSZEITEN
tagsüber

Hoch über dem Dorf thront die ummauerte Kirchenanlage von Oltingen mit dem gotischen Pfarrhaus und der Pfarrscheune, dem ehemaligen Beinhaus und dem Friedhof: ein alter, sakraler Ort, der einlädt zum Innehalten an diesem bereits zur Römerzeit, besonders aber im Mittelalter häufig benutzten Juraübergang vom Ergolztal über die Schafmatt ins Mittelland. Hier, auf dem Winterhaldengrat, ist noch das römische Karrengeleis sichtbar. Unzählige Pilger haben den Weg auf ihrer Reise nach Einsiedeln benutzt, und früh schon wurde die dortige Quelle nach dem heiligen Gallus ‹Gallisloch› benannt.

Durch die Herrengasse gelangt man vom Dorfzentrum aus auf die Anhöhe mit dem offenen Pfarrhof. Tritt man durch das Mauertor ein, so meint man, eine andere Welt zu betreten: Still liegt der kleine Friedhof rund um die dem heiligen Nikolaus geweihte Kirche, mit herrlichem Ausblick auf die Umgebung. In das kleine Gotteshaus gelangt man durch das Untergeschoss des Turms auf der Westseite, von dessen Tonnengewölbe die Glockenseile herunterhängen – hier wird noch von Hand geläutet. Im Inneren überrascht eine grossartige Bilderwelt: Fresken, die bei der Renovation in den Jahren 1956/57 entdeckt und freigelegt wurden. Überwältigt steht man vor der Westwand des Kirchenschiffs, über deren ganze Breite das Jüngste Gericht in allen Einzelheiten dargestellt ist. Die Malereien, Ermahnungen an ein des Lesens unkundiges Kirchenvolk, entstanden vermutlich in spätgotischer Zeit, nachdem das Gotteshaus im Jahre 1474 umgebaut worden war. In der Mitte thront auf einem Regenbogen Christus als Weltenrichter, die Arme zum Segen ausgebreitet; ihm zur Seite beten knieend die Mutter Maria und der Lieblingsjünger Johannes, darunter steigen die Toten aus ihren Gräbern. Zur Rechten öffnet Petrus mit dem Schlüssel in der Hand den Seligen die Himmelspforte. Man erkennt unter ihnen Bauerngestalten mit Haken, Dresch-

flegeln und Sensen, einen bekrönten König, einen Bischof mit Mitra und einen Krieger mit Lanze. Auf der Höllenseite, wo ein Teufel die Verdammten mit einer Kette in die Unterwelt zieht, ist ein Papst abgebildet, ein Kaiser, eine Nonne, ein zweiter Bischof, ein Krieger und mehrere Bauern. Links davon schleppt ein weiterer Teufel mit Wanderstab ein armes Liebespaar in einem Tragekorb in die Hölle.

Unterhalb dieser Darstellungen des Jüngsten Tages ist links das Martyrium des heiligen Erasmus zu sehen, dem die Gedärme aus dem Leib gerissen werden. Auf der rechten Seite dagegen sehen wir drei heilige Frauen: Margaretha mit dem Drachen (siehe auch S. 18), Dorothea mit dem Kind und Verena mit dem Krug (siehe auch S. 69).

Auch vor den übrigen Fresken kann man lange verweilen, beispielsweise vor der Südwand, wo das Leben des Kirchenpatrons, des heiligen Nikolaus von Myra, zu finden ist, oder auch im Chor, wo die Marienlegende abgebildet ist. In den Leibungen der Fenster sind der Erzengel Michael mit der Seelenwaage und St. Fridolin mit dem auferweckten Ursus dargestellt. Das letztgenannte Motiv weist auf die Verbindung mit den bereits im 9. Jahrhundert erwähnten Gütern des Klosters Säckingen (siehe S. 173 ff.) in Oltingen hin. Man vermutet, dass der erste Kirchenbau hier bereits in dieser Zeit entstand.

Oltingen ist eines der stattlichsten und am besten erhaltenen Dörfer des Baselbiets, mit herrschaftlichen Häusern, zwei ehemaligen Mühlen, von denen eine 1281 dem Ordenshaus Beuggen (siehe S. 177 ff.) vermacht wurde, und mit einer noch in Betrieb stehenden Sägemühle. Besonders liebevoll werden alte Traditionen gepflegt, wie beispielsweise das aufwändige Schmücken des Maibaums, der mit Bändern, bemalten Eiern und bunten Quasten behangen wird. Am ‹Vreenesunndig›, dem ersten Sonntag im September, wird zum Verenentag (siehe auch S. 69 ff.) in der inzwischen protestantischen Kirche aus alter Tradition noch heute ein besonderer Gottesdienst mit Abendmahl abgehalten.

Sankt Ursinus und der Bär

SAINT-URSANNE

ANFAHRT
Bahn via Delémont bis
Saint-Ursanne

WEG
hinter der Kirche dem
Wegweiser zur Einsiedelei
folgen (190 Stufen berg-
auf)

ÖFFNUNGSZEITEN
täglich bis 21.30 Uhr im
Sommer bzw.
bis 19.30 Uhr im Winter

Chapelle Notre Dame
de la Grotte in der
Felsenhöhle des heiligen
Ursinus

Die Zeit scheint stillzustehen in dieser wundervollen Landschaft am Ufer des Doubs mit dem hoch aufragenden Felsen und der Burgruine über der kleinen mittelalterlichen Stadt Saint-Ursanne. Es war der irische Wandermönch Ursicinus, der sich hier der Überlieferung zufolge um das Jahr 600 zusammen mit einem Bären in einer Felsengrotte niederliess. Geschichtlich belegt ist allerdings nur, dass ein Einsiedler namens Ursinus um 590 bis 610 in den Tälern des Juras umherstreifte. An der Wende zum 7. Jahrhundert strömten von Luxeuil her zahlreiche irische Mönche aus, angeführt vom heiligen Columban, um den Alemannen das Evangelium zu verkünden: der heilige Gallus in die Gegend von Konstanz, der heilige Sigisbert nach Disentis und der heilige Ursinus an den Bielersee, bevor er sich später in die Abgeschiedenheit des Clos du Doubs zurückzog.

Die Wundertaten des frommen Einsiedlers im Jura sollen Mönche dazu bewogen haben, sich ihm anzuschliessen und später in der Nähe seines Grabes ein Kloster zu gründen. Die ersten gesicherten Daten über das Kloster Saint-Ursanne stammen aus dem 9. Jahrhundert, als die Pariser Abtei Saint-Germain-des-Prés um 850 ihre Güter in Courtedoux und Chevenz im heutigen Kanton Jura an die «abbatia sancti Ursicini super Duvium fluvium» abtrat. Das Kloster Saint-Ursanne war den Ordensregeln des heiligen Benedikt unterstellt. Die Kirche diente offenbar als Grabstätte. Dies belegen archäologische

Forschungen, bei denen Grabplatten aus karolingischer Zeit gefunden wurden. Sie waren, als Zeichen des Glaubens an die Auferstehung Christi, gegen Sonnenaufgang ausgerichtet worden. Bemerkenswert ist das ‹Tatzenkreuz› auf einem der Steine im Sturz der Tür zum Kreuzgang – eines der ältesten Zeugnisse christlicher Kultur im Jura. Im Lapidarium ist heute ein archäologisches Museum untergebracht, in dem die steinernen Zeugen aus der Gründungszeit zu sehen sind.

Bereits im 11. Jahrhundert errichtete man in unmittelbarer Nähe eine neue und grössere Abtei, während der alte Bau umgestaltet wurde und nun der wachsenden Ortschaft Saint-Ursanne als Pfarrkirche diente. Im 12. Jahrhundert wurde das Kloster in ein Kapitel mit zwölf Chorherren umgewandelt, das den Ordensregeln des heiligen Augustinus unterstellt war. Die Gründe dazu sind nicht bekannt, man weiss jedoch, dass Papst Gregor VII. damals die Regel der Kanoniker all jenen Bruderschaften auferlegte, die das Gebot von Armut und Gemein-

Krypta der Stiftskirche
von Saint-Ursanne

schaft, wie es der heilige Benedikt verlangte, nicht strikt befolgten. Gegen Ende des 12. Jahrhunderts begann man auf den Grundmauern des alten Gotteshauses mit dem Bau der Stiftskirche, einer Säulenbasilika, die bis heute erhalten geblieben ist, und um die sich allmählich eine kleine Stadt entwickelt hat.

Das Südportal, das bedeutendste romanische Portal burgundischen Stils in der Schweiz, zeigt auf dem Tympanon ein majestätisches Bild des Christus, umgeben von den Aposteln Petrus

und Paulus sowie sieben Engeln. Zu seinen Füssen kniet links eine tonsurierte Figur, vielleicht der heilige Ursinus oder der Stifter des Portals; auf den Kapitellen befinden sich die Evangelistensymbole und sagenhafte Darstellungen, wie zum Beispiel eine Sirene mit doppeltem Fischschwanz, die ihr Junges stillt, aber auch eine Doppelszene mit einem Wolf, der zur Schule geht und von einem Schaf abgelenkt wird. In den beiden Seitennischen sind die Jungfrau Maria mit dem Kind und der heilige Ursinus im Priestergewand zu sehen.

Ursinus und sein Bär auf dem Brunnen an der Place du Mai

Im Jahre 1210 verkündete der Fürstbischof von Basel, dem der Ort damals unterstand, die geistlichen Rechte der Propstei. Aus dieser Epoche stammt die unter dem Chor liegende Krypta, ein einzigartiger Raum der Stille, der trotz Übermalungen aus der Barockzeit seine Ursprünglichkeit bewahrt hat. Er beherbergte einst das Grabmal des heiligen Ursinus, und eine Maueröffnung erlaubte vom Chor aus die Sicht auf den Sarkophag. Auf die mittelalterliche Architektur des Chors hat später Propst

Wilhelm Blarer von Wartensee durch den Altkircher Maler Melchior Graf die barocken Trompe-l'œil-Malereien anbringen lassen, die die Perspektive einer Kathedrale zeigen. Der mittelalterliche Sarkophag mit den Reliquien des heiligen Ursinus befindet sich heute hinter dem Altar.

Ursinus ist neben dem heiligen Germanus und dem heiligen Randoaldus, deren Gebeine im Chor der Delsberger Pfarrkirche ruhen, der dritte Heilige des Juras. Ein kurzer Spaziergang in Saint-Ursanne führt zu seiner Höhle, wo man ihm samt seinem

Südportal der Stiftskirche: Christus umgeben von Petrus, Paulus und sieben Engeln

Bär ‹persönlich› begegnen kann: Man verlässt die Stiftskirche durch das Westportal, geht durch das Paulstor und steigt, dem Wegweiser folgend, 190 Stufen hinauf, am Oratoire Sainte-Odile vorbei bis zur Chapelle Notre Dame de la Grotte, wo der Einsiedler als friedliche Skulptur unter dem Altar ‹ruht›. Die Kapelle war bereits um 1050 dem heiligen Leodegar geweiht worden (siehe auch S. 125), eine Bank davor lädt ein, die wundervolle Aussicht bis weit ins Land hinaus zu geniessen, und wer mag, geht weiter entlang dem Sentier des sculpteurs und lässt sich von den aus Baumstämmen herausgeschnitzten Skulpturen überraschen.

Romanische Sinnbilder und zeitgenössische Kunst

SCHÖNTHAL

ANFAHRT
Bahn via Liestal bis
Waldenburg, dann Bus bis
Langenbruck-Post
WEG
ab Dorfmitte 2 km der
Strasse in Richtung
Eptingen folgen
ÖFFNUNGSZEITEN
Fr 14–18 Uhr,
Sa/So 11–18 Uhr
HINWEIS
Parkplätze vorhanden

Eingebettet in eine fast unberührte Berglandschaft am Fusse der wenig befahrenen Passstrasse am Oberen Hauenstein, die von Langenbruck über das Chilchzimmer und den Oberbelchen nach Eptingen führt, liegt das zu neuem Leben erwachte Kloster Schönthal. Zu Fuss dauert der Spaziergang vom Dorf Langenbruck aus eine knappe Viertelstunde.

Wie verzaubert bleibt man vor dem geheimnisvollen Hauptportal der romanischen Kirche stehen und versucht, die Sinnbilder zu deuten, die ein Steinmetz hier vor rund achthundert Jahren angebracht hat. Über der schweren Holztür findet sich inmitten von Weinranken ein vorwärts schreitendes Lamm, das ein grosses Kreuz trägt: Agnus Dei, das Christussymbol.

Darüber wölbt sich ein Bogen, den rechts ein kurzberockter Rittermann und links ein zähnefletschender Löwe auf ihren Köpfen tragen. Eine Gestalt in der Mitte ist nur noch bruchstückhaft zu erkennen, zwischen ihren Unterschenkeln wird ein Tierkopf sichtbar. Ein Kampf zwischen Gut und Böse, eine Anspielung auf das Jüngste Gericht? Auch über die Bedeutung der neben dem Löwen eingemeisselten Inschrift: «HIC EST RODO» ist bis heute viel gerätselt worden.

Links vom Bogen steht die Kirchenpatronin Maria mit dem Gottessohn, zu ihren Füssen vier schlanke Drachen, und auf der rechten Seite eine menschliche Gestalt, vielleicht der Klostergründer.

Die Klosterkirche zu Ehren Marias wurde 1187 geweiht, wahrscheinlich am Ort eines früheren Heiligtums. Einen Hinweis darauf geben die beiden überlieferten Flurnamen in der Umgebung: das ‹Paradisli› beim ‹Humbel› und die ‹Höll› beim ‹Chellerloch›. Wann die ersten Mönche hier den Bann des Urwaldes brachen und Raum schufen für Wege, Gärten und Weiden, ist nicht belegt. Es gibt jedoch eine Sage über den Lehensbesitzer des Rains, Graf Adalbero von Froburg, die eine

Marienerscheinung erwähnt – wohl ein Hinweis auf eine frühere Marienkapelle. Erstmals erwähnt wird das Kloster am 2. März 1146 vom Basler Bischof Ortlieb, der Hinweis ist allerdings nur in einer Abschrift erhalten: Sie berichtet vom Grafen Adalbero, dessen Gemahlin Sophie sowie den Söhnen Volmar und Ludwig und deren Stiftung der Schönthaler Klostergemeinschaft, die nach der Regel des heiligen Benedikt von Nursia begründet wurde. Hier sollte für die Adelsfamilie der Froburger, die von 1134 bis 1179 drei Vertreter für den Basler

Bischofsstuhl stellte, gebetet werden; zudem konnten die Froburger mit der Klostergründung fremde Einflüsse auf das Gebiet des Oberen Hauensteins verhindern. Von ihren Kreuzzügen brachten sie kostbare Reliquien mit, doch 1367 starben die Froburger mit dem Tod von Johann und Hermann VI. aus, wodurch das Kloster deren Schutz und Förderung verlor.

Ursprünglich war Schönthal ein Doppelkloster gewesen, eine religiöse Gemeinschaft von Männern und Frauen, die in

getrennten Häusern lebten. Bereits 1266 ist jedoch nur noch von einem Benediktinerinnen-Konvent die Rede. Um 1415 übergaben die von wirtschaftlichen Nöten geplagten Klosterfrauen ihr Haus dem Augustinerorden der Serviten. Weiterhin aber wallfahrten zahlreiche Pilger nach Schönthal, besonders zu den Christiania-Reliquien, die hier aufbewahrt wurden. Als 1463 in Kleinbasel die Pest ausbrach, veranstalteten Domstift und Rat von Basel eine Prozession, an der 1500 Personen teilnahmen. Besonderen Wallfahrer-Andrang gab es jeweils am

1. Mai, dem Tag der Kirchweih. 1525 brach genau an diesem
Tag unter dem Einfluss der Reformation ein Bildersturm los,
wie tags zuvor schon in Olsberg, wo die Bauern plündernd ihre
Rechte wahrgenommen hatten. Im Zuge der Säkularisierung
kam 1529 das definitive Ende des Klosters, 1645 hielt eine
Ziegelei Einzug, schliesslich wurde der Kirchenraum als
Magazin genutzt. Nutzniesserin des Sennhofs war jetzt das
Basler Spital.

Bei der Kantonstrennung von Basel-Stadt und Basel-Landschaft
im Jahre 1833 wurde das Schönthalgut verkauft, seit 1989 ist es
im Privatbesitz des Werbefachmanns John Schmid. Der neue
Besitzer hat hier sein Projekt ‹Culture at Schönthal› für zeitgenössische Skulpturenkunst verwirklicht und konnte mit Aus-
stellungen in der Kirche und Tagungsräumen den wunderbaren Ort neu beleben. Er renovierte das Anwesen und lädt
seither internationale Künstler ein, für längere Zeit im Kloster
zu leben und zu arbeiten. Das Ensemble aus historischen

Gebäuden, hundert Hektar Landwirtschaftsgut und Skulpturenpark ist in eine Stiftung überführt worden. 2004 wurde das Gelände als gelungenes Gesamtkunstwerk mit dem Baselbieter Heimatschutz-Preis ausgezeichnet.

Wenn wir heute auf dem Skulpturenweg spazieren gehen, geraten wir zuletzt hoch oben im Wald in den Bann eines alten Märchens, das uns erschauern lässt.

Die Wallfahrtskirche am Fels

VORBOURG

ANFAHRT
Bus (Mo–Fr)
oder PubliCar
(Tel. 0800 55 30 00) ab
Bahnhof Delémont bis
Giratoire Vorbourg
WEG
ab Busstation 20 Geh-
minuten bergauf
ÖFFNUNGSZEITEN
7–20.45 Uhr
HINWEIS
Parkplätze vorhanden

Fährt man durch das Birstal in Richtung Delémont, erblickt man in der Klus kurz nach Soyhières von Ferne auf der rechten Talseite auf einem steil aufragenden Felsvorsprung die Wallfahrtskirche Notre Dame du Vorbourg. Sie steht auf dem Areal einer ehemaligen (Vor-) Burg; oberhalb sind die Ruinen der zweiten Befestigung, der Vorbourg-Béridier, noch erhalten. Beide Burgen gehörten nach dem Aussterben der Grafen von Saugern im 11. Jahrhundert dem Basler Bischof. Die obere Burg wurde bereits nach dem grossen Erdbeben von 1356 aufgegeben, auf der unteren, die erst im 15. Jahrhundert verlassen wurde, gab es eine dem heiligen Himerius (Saint Imier) sowie eine weitere, dem heiligen Othmar gewidmete Kapelle. Der Überlieferung zufolge soll letztere im 11. Jahrhundert von Papst Leo IX. von Eguisheim (siehe auch S. 139) geweiht worden sein, doch führt der Basler Historiker Werner Meyer diese Vermutung auf «unhaltbare Fabeleien» des im 17. Jahrhundert lebenden Abtes B. Buchinger von Lützel (dem heutigen Lucelle) zurück.

Im 16. Jahrhundert versuchte die Reformation im Jura Fuss zu fassen, scheiterte aber in Delsberg. Die vernachlässigte Kapelle auf der Vorburg wurde neu errichtet und am Ostermontag 1586 vom Basler Weihbischof Christoph von Blarer geweiht. Damit war der Grundstein für die Wallfahrt zu Unserer Lieben Frau auf der Vorburg gelegt. Aus dieser Zeit stammt wohl auch die auf dem Hauptaltar thronende Madonna mit Kind.

Es sind Benediktinermönche von Le Bouveret aus dem Wallis, denen die Wallfahrt hier oben anvertraut ist. Verantwortlicher Kaplan ist jeweils ein Priester aus der Pfarrei von Delsberg, Eigentümer des einzigartigen Ortes ist jedoch die Bürgerschaft der Stadt. Der Zustrom der Gläubigen war stets gross und hat sich in unzähligen Votivtafeln manifestiert, auf denen die Wallfahrer ihren Dank für den Beistand der Gottesmutter in schwierigen Lebenslagen ausgedrückt haben und noch heute tun. Eine grosse Zahl dieser Bilder ist erhalten geblieben und in der Kirche zu sehen. Besonders bemerkenswert ist die Darstellung der Stadt Delsberg, die bei einem Brand im Jahre 1671 dank «recommandation faict à Notre Dame, Ss. Igance et Nicolas de Tolentin» vor einer weiteren Ausbreitung des Feuers verschont blieb. Hier findet man auch das Bild eines weiss gekleideten, vor dem Gnadenbild knienden Mädchens von 1680; eine auf einem Pferd reitende, nobel gekleidete Dame von 1711, die offenbar vor einem Sturz von einer Holzbrücke verschont blieb; eine von einem Baum stürzende Frau sowie das Gemälde, auf dem sich eine zwölfköpfige Bauernfamilie dem Schutz der Madonna unterstellt.

Die Wallfahrt nach Notre Dame du Vorbourg ist bis heute nicht versiegt, trotz einer Unterbrechung zur Zeit der Französischen Revolution, als die französischen Truppen Delsberg dem Département ‹Mont-Terrible› zufügten und das Gnadenbild zeitweilig in einer Höhle versteckt werden musste, wo man es nur im Geheimen aufsuchen konnte.

Ein wichtiger Impuls für die Wallfahrt zu Unserer Lieben Frau von der Vorburg war im Jahre 1869 die feierliche Krönung der Muttergottesstatue durch Bischof Eugène Lachat, wozu Papst Pius IX. Erlaubnis gegeben hatte. Auf dieses Ereignis gehen die ‹Semaines du Vorbourg› zurück, die jedes Jahr Mitte September stattfinden. Hunderte von Wallfahrern pilgern dann täglich auf dem Kreuzweg zur Kapelle hinauf. Von der Stadtmitte von

Delémont her führt die ‹Route du Vorbourg› durch eine Lindenallee an den geschichtsträchtigen Ort.

Ein besonderes Ereignis ist die Kindersegnung, die am Mittwoch der ‹Semaine du Vorbourg› stattfindet: Unzählige junge Mütter kommen mit ihrem Nachwuchs hierher, aber auch viele Grossväter und Grossmütter zeigen sich stolz mit ihren Enkeln. Bis auf den letzten Platz ist die Kirche besetzt, wenn um 15 Uhr der Gottesdienst mit dem quirligen Völkchen beginnt – da stört

es auch nicht, wenn dazwischengeheult, -gerufen oder -gejauchzt wird. Am Altar ist eine Krippe aufgestellt, die Weihnachtsgeschichte aus dem Lukas-Evangelium wird gelesen, man singt Marienlieder und stimmt zum Schluss den ‹Cantique à Notre Dame du Vorbourg› an. Am Ende segnet der Priester persönlich jedes Kind mit einem Kreuz auf der Stirn, und nach Verlassen der Kirche werden alle mit frischen Brötchen beschenkt.

Kindersegnung während der ‹Semaine du Vorbourg›

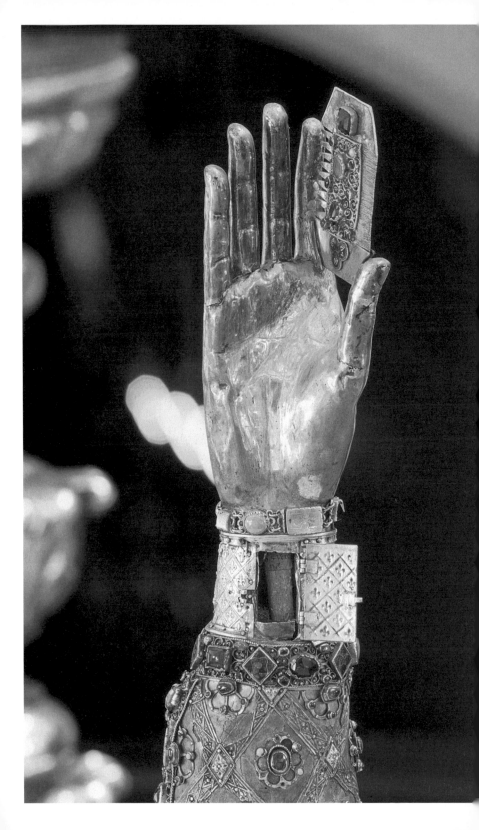

Das Verenagrab im Kerzenschein

ZURZACH

ANFAHRT
Bahn bis Zurzach

ÖFFNUNGSZEITEN
Verenamünster mit der
Krypta täglich 8–20 Uhr,
Obere Kirche 9–17 Uhr

HINWEIS
Parkplätze u. a. beim
Thermalbad

Gotisches Reliquiar
mit dem Armknochen
der heiligen Verena

Das Herz von Zurzach, der kleinen Ortschaft mit dem bekannten Kurbad unweit von Koblenz am Rhein, schlägt an einer verborgenen Stelle: in der Gruft der wohltätigen Verena, die in römischer Zeit hierher kam. Nach einer im 9. Jahrhundert festgehaltenen Legende ist sie im Jahre 344 hier verstorben. Noch heute finden sich am Sarkophag der Heiligen, welcher in der Krypta der Stiftskirche steht, täglich Pilger ein; es sind vor allem Frauen, die Beistand suchen.

Auf dem ‹Kirchlibuck› nahe der Zurzacher Rheinbrücke stand in spätrömischer Zeit ein Kastell; bei Ausgrabungen ist an dieser Stelle eine frühchristliche Taufkirche freigelegt worden. Die heutige Kapelle St. Verena und Mauritius auf Burg wird erstmals 1359 erwähnt.

Die Lebensgeschichte der heiligen Verena ist an den Hochwänden der Stiftskirche auf zwölf von Kaspar Letter gemalten Tafeln dargestellt. Verena entstammte einer angesehenen christlichen Familie in Theben (dem heutigen Luxor) in Oberägypten; sie beschloss, nach Italien zu ziehen und schloss sich einem römischen Truppenverband mit Gruppen christlicher Soldaten an, angeführt von Mauritius. Einer von ihnen, Victor, soll ihr Verlobter gewesen sein. Nachdem Verena in Mailand zurückgeblieben war, erfuhr sie, dass Kaiser Maximian einen Teil dieser Thebäischen Legion des christlichen Glaubens wegen in Agaunum, dem heutigen Saint-Maurice im Wallis, hatte ermorden lassen. Verena reiste zum Ort dieses Mar-

tyriums, wanderte später weiter und lebte als Einsiedlerin in
einer Höhle in der späteren ‹Verenaschlucht› nahe Solothurn.
Kraft ihres Gebets und durch Berührungen soll sie hier viele
Menschen geheilt und zum Christentum bekehrt haben, einige
Frauen schlossen sich ihr an und teilten ihr frommes Leben.
Von einem Tyrannen der römischen Herrschaft wurde Verena
ins Gefängnis geworfen; als dieser schwer erkrankte, heilte sie
ihn; daraufhin liess er sie frei. Einmal brach eine Hungersnot

aus; Verena soll Gottes Güte angerufen haben, worauf zahlreiche Säcke Mehl vor ihrer Klause lagen, woraus die Frauen Brot
für die Notleidenden buken. Später zog sie weiter die Aare entlang bis zur Mündung in den Rhein (sie soll auf einem
Mühlstein bis Koblenz gefahren sein). Dort soll sie Schlangen
(in diesem Zusammenhang Symbole für den Unglauben) ver-
trieben haben. In Zurzach schliesslich fand sie im Haus eines
Priesters Aufnahme; sie besuchte die Aussätzigen ausserhalb
des Orts, widmete ihr Leben den Kranken und starb später als

Gotische Krypta mit dem
Verenagrab

Klausnerin. Nach ihrem Tod soll sich ihre Zelle mit «herrlichem Wohlgeruch» erfüllt haben.

Der Eingang zur Krypta, in welcher der Sarkophag der Heiligen steht, befindet sich an der Aussenwand des Chors der Stiftskirche. Nur schwach ist das Grabmal unter dem gotischen Gewölbe vom Licht der Kerzen erhellt. Auf der Grabplatte von 1613 erkennt man eine junge Frau mit aufgelöstem Haar, das bekränzte Haupt auf ein Kissen gebettet. In der linken Hand

hält sie einen Kamm und in der rechten ein Krüglein – ihre täglichen Instrumente zur Pflege der Kranken. In einer Wandnische sind ein paar ‹Schäppeli›, glitzernde Trachtenhäubchen, aufbewahrt, sie zeugen vom früheren Brauch der jungen Frauen, ihre Häubchen nach der Hochzeit zu der heiligen Verena zu tragen.

Am Verenatag wird Öl zur Segnung in die Gruft gestellt

1974 fand man bei Ausgrabungen neben der Apsis der einstigen romanischen Kirchenanlage den alten, versiegten Verenabrunnen. Am 1. September, dem Gedenktag der Heiligen, schöpfte man hier früher das ‹Vreneliwasser›, und noch heute wird an diesem Tag ein feierlicher Gottesdienst abgehalten. Anschliessend wird für alle Anwesenden im Freien oder im Gemeindehaus das ‹Verena-Bankett› abgehalten. Zudem deponieren Frauen beim Verenagrab in der Krypta Flaschen mit Speiseöl, das am Nachmittag gesegnet wird.

Das Verenamünster besitzt einen kostbaren Kirchenschatz. Zu ihm gehört unter anderem ein Verena-Krüglein, das man im 10. Jahrhundert auf dem schon erwähnten ‹Kirchlibuck› gefunden hatte und im 15./16. Jahrhundert mit Zutaten geschmückt hat, ausserdem ein mit Halbedelteinen besetztes gotisches Armreliquiar, auf dessen Sockel Episoden aus der Vita der Heiligen dargestellt sind; ein Türchen gibt den Blick auf einen Armknochen frei. Auch das 1658 aus Hall im Tirol überführte Haupt der heiligen Verena, aufbewahrt in einem Schrein mit aufgesetzter Büste, gehört dazu.

Durch den Verenakult wurde Zurzach schon im Frühmittelalter ein viel besuchter Wallfahrtsort. Damit hängt auch die Entstehung der Zurzacher Messen und Märkte zusammen, die bis 1856 von grosser Bedeutung waren. Das historische ‹Gasthaus zur Waag›, in dessen Innenhof der ‹Joachimsbrunnen› steht, ist Zeuge aus dieser Zeit.

Zum 1650. Todestag der heiligen Verena wurde 1994 das Schauspiel ‹Wassertanz› von Silja Walter im Verenamünster uraufgeführt. Dank der St. Verena-Stiftung, Zurzach, soll der Heiligenkult vertieft und das Verenaspiel alle fünf Jahre wiederholt werden.

Verena lebt auch in zeitgenössischen Kunstwerken weiter: als lebensgrosse Statue aus der Werkstatt des Bildhauers Ernst Suter aus Aarau auf der Rheinbrücke, als Bronzeplastik von Rolf Brehm in der Eingangshalle des Rathauses und auf Bettina Eichins Verena-Brunnen im Kurpark. Ein weiterer Künstler, der 1990 verstorbene, aus Holland stammende Pieter van de

Cuylen, der in Binningen lebte und arbeitete, ist in Zurzach durch die Verehrung einer heiligen Frau gegenwärtig: Sein religiöses Lebenswerk befindet sich in der ehemaligen Pfarrkirche St. Marien (Obere Kirche), sein Nachlass ist im gegenüberliegenden Mauritius-Hof/Haus der Kunst an der Hauptstrasse 41 ausgestellt. Nachdem der Künstler im Zweiten Weltkrieg unter Trümmern verschüttet gelegen hatte und gerettet werden konnte, widmete er sein Schaffen in einem Gelübde Maria. Ein Jahr vor seinem Tod fand er in der Zurzacher Marienkirche den Ort, um sein Versprechen mit einer Dauerausstellung einzulösen.

Morandus, der Apostel des Sundgaus

ALTKIRCH

ANFAHRT
Bahn oder Bus ab
Mulhouse bis Altkirch

WEG
ab Bahnhof Altkirch
5 Gehminuten zum Hôpital
Saint-Morand

ÖFFNUNGSZEITEN
Eglise Saint-Morand
täglich 10–18 Uhr

HINWEIS
Parkplätze vorhanden;
Musée Sundgauvien,
Place de la République,
geöffnet So 15–17.30 Uhr,
Juli bis August Di–So
15–17.30 Uhr

GILDWILLER

ANFAHRT
Bus von Mulhouse bis
Gildwiller Ecole (einge-
schränkte Verkehrszeiten)

WEG
5 Gehminuten vom
Dorfzentrum, Wegweiser
zum Brunnen beim
Restaurant

ÖFFNUNGSZEITEN
(Kirche) täglich 9-17 Uhr

‹St. Morands Brennla›
in Gildwiller

Jedes Jahr im Juni wird in Gildwiller, einem kleinen Dorf im Soultzbachtal unweit von Altkirch, das Andenken an den ‹Apostel des Sundgaus›, den heiligen Morandus, gefeiert. Er war von 1105 bis 1115 Abt des Klosters von Altkirch, und in der Legende heisst es, der fromme Mönch habe sich jeden Freitag zu Fuss auf den ‹Heiligen Berg› bei Gildwiller begeben, dem ältesten Wallfahrtsort des Sundgaus, um zu Maria zu beten. Auf dem Heimweg hielt er stets unweit der Kirche, die ‹Maria zu den sieben Schmerzen› genannt wurde, an einer Quelle inne; sie wurde 1905 in Stein gefasst und mit der Statue des Heiligen versehen und fliesst noch heute. ‹St. Morands Brennla›, wie der Platz genannt wurde, geriet später in Vergessenheit, und die Skulptur verschwand, bis 1987 eine Gruppe von Freiwilligen beschloss, den Ort zu restaurieren. Dabei kam auch die Statue wieder zum Vorschein, die einfach in die Tiefe des Brunnens gefallen war.

Die Kirche von Gildwiller, Mutterkirche der Region, die aus fränkischer Zeit stammt und unter dem Patrozinium der Heiligen Drei Könige steht, ist noch heute ein viel besuchter Marien-Wallfahrtsort. Man vermutet, dass an diesem vom Blitz mehrfach heimgesuchten Ort schon in vorchristlicher Zeit ein Heiligtum stand. Jeweils an einem Sonntag im Juni wird in der Kirche die ‹Journée Saint-Morand› mit einer konzertanten Messe gefeiert. Angeführt vom ‹Kerchaschwytzer›, zieht die

Prozession anschliessend in den Wald zum nahen Morands-Brünnlein, wo musiziert und gesungen wird.

Die Herkunft des heiligen Morandus ist bis heute nicht ganz geklärt; vermutlich stammte er aus einer adligen Familie und wuchs um 1050 in Worms auf, wo er die berühmte Liebfrauen-Stiftsschule besuchte und Priester wurde. Auf einer Wallfahrt nach Santiago de Compostela machte er Halt in Cluny. Das berühmte Kloster, damals von etwa vierhundert Mönchen bewohnt, beeindruckte ihn so stark, dass er nach Abschluss der Wallfahrt dem Orden beitrat. Er wurde bald für seine Wundertätigkeit berühmt und übernahm ein Priorat in der Auvergne.

1105 trat Frédéric, der Sohn des Grafen von Montbéliard, die Christophoruskirche von Altkirch an Cluny ab. Weil die Cluniazenser die alemannische Sprache nicht beherrschten, schickte der Prior Hugo von Semur Morandus nach Altkirch. Neun Jahre blieb dieser dort im Amt. Es heisst, er sei ein grossherziger und feinfühliger Abt gewesen und von fröhlicher Lebensart. Mehrere Wundertaten werden ihm zugeschrieben; so soll er eine Feuersbrunst im Kloster mit dem Kreuzzeichen gebannt haben. Am 3. Juni 1115 starb er in Altkirch, seine Überreste wurden in einem steinernen Sarkophag aufgebahrt, dessen Deckplatte mit einem Abbild des Heiligen bis heute erhalten geblieben ist. Früher legten häufig Pilger ihren Kopf in die Öffnung des Steinsargs und riefen den Heiligen gegen Kopfleiden an.

Man findet das Grab in der Kirche beim Hôpital Saint-Morand am Stadtrand von Altkirch, an der Strasse nach Walheim. Am selben Ort wird auch eine vergoldete Reliquiar-Büste des Heiligen aufbewahrt. Von vielen Wunderheilungen an dieser Grabstätte wird berichtet, und die Sundgauer Weinbauern erklärten den heiligen Morand zu ihrem Schutzpatron. Noch bis zur letzten Jahrhundertwende pilgerte man in grossen Massen zu seinem Grab, heute wird sein Jahrestag, die ‹Fête Saint-Morand›, am Pfingstmontag mit einer Messe gefeiert, mit Segnung der Pilger und einem anschliessenden gemeinsamen Mahl.

Die ursprünglich romanische Kirche wurde 1886 durch einen neuen Bau ersetzt, den man kürzlich renoviert hat. Im Spitalgebäude gibt es eine Kapelle, in der sich ein entzückendes Gemälde von Giuseppe Appiani, dem Maler des Arlesheimer Doms befindet: Es stellt Saint Morand dar, wie er beschützend über der Stadt Altkirch schwebt.

Morandus, Patron der
Sundgauer Weinbauern.
Fenster in der Kirche
von Bouxwiller

Die Bärin in der Krypta

ANDLAU

ANFAHRT
Bahn bis Barr; nach
Andlau (5 km) keine
öffentlichen Verkehrs-
mittel

ÖFFNUNGSZEITEN
Juni bis September an
Sonn- und Feiertagen
10–12 und 14–18 Uhr,
Führungen: Pfarrer
E. Krämer,
Tel. +33 (0)388 08 93 38

Kaiserin und Kloster-
gründerin Richardis mit
der Bärin

An der ‹Route du vin› zwischen Epfig (siehe S. 97 ff.) und dem Odilienberg (siehe S. 129 ff.) liegt das kleine Städtchen Andlau mit seiner mächtigen Kirche. Hier, im waldreichen Tal des gleichnamigen Flüsschens, überragt von den Ruinen des Château de Spesburg und der Burg der Herren von Andlau, befinden wir uns an einem sagenumwobenen Ort. Im Zentrum dominiert die riesige Abteikirche Saints-Pierre-et-Paul, die von Wallfahrern und Kunstinteressierten rege besucht wird. Wer in die Krypta hintersteigt, findet einen wunderbaren Ort der Stille vor. Der romanische Bau aus dem 11. Jahrhundert, eines der ältesten Bauwerke des Elsasses, mit seinen erdverbundenen, rohen Säulen und den schmucklosen Kapitellen, strömt eine grosse Ruhe aus. Das Gnadenbild ‹Notre Dame de la crypte› aus dem 15./16. Jahrhundert weist auf die Marienwallfahrt hin – eine der ältesten des Elsasses.

In der Mitte des Raums fällt der Blick auf die gedrungene Skulptur einer Bärin mit geöffneter Schnauze. Zu ihren Füssen befindet sich eine runde Öffnung im Sandsteinboden, der magische Kräfte nachgesagt werden: Pilger stellen sich hinein und legen ihre Hand in die Bärenschnauze, um von Beinleiden geheilt zu werden. Der Legende nach hat hier um das Jahr 880 herum eine Bärenmutter die Erde aufgescharrt und so der Kaiserin Richardis die Stelle aufgezeigt, an der ein Kloster zu gründen sei. Richardis, Tochter des mächtigen elsässischen Grafen Erchengar aus dem Geschlecht des Eticho, dem Vater der heiligen Odilie, wurde, so wird berichtet, von ihrem Gatten Karl dem Dicken, Römischer Kaiser und König des Ostfränkischen und des Deutschen Reichs, verleumdet und verstossen. Sie irrte daraufhin in den Wäldern umher, stiess auf die erwähnte Bärin und gründete in der Folge die Abtei Andlau, von deren ursprünglichem Bau heute nur noch ein dreiteiliges romanisches Fenster übrig ist; es befindet sich im Gebäude hinter dem Gefallenendenkmal. Richardis zog sich später ganz

nach Andlau zurück, starb im Jahre 896 und wurde 1049 vom Elsässer Papst Leo IX. heilig gesprochen.

Bis in das 18. Jahrhundert wurden in der Krypta der Kirche Bären gehalten, ein Brauch der schliesslich aufgegeben wurde, nachdem ein Kind angefallen worden war.

Hinter dem Hochaltar befindet sich der auf Säulen ruhende Schrein mit den Gebeinen der Heiligen, während der ursprüngliche Sarkophag und ein späterer Reliquienschrein mit der Hirnschale in der Richardis-Kapelle aufbewahrt sind.

Die heilbringende Bärin in der Krypta

Die Kirche selbst ist durch mehrfachen Wiederaufbau im Laufe der Jahrhunderte ein im Stil uneinheitliches Bauwerk geworden. Unvergleichlich bleibt jedoch die zwischen 1130 und 1140 entstandene Westfassade mit einem einzigartigen Figurenfries voll von Fabelwesen, das einen reizvollen Einblick in die Lebens- und Vorstellungswelt des Mittelalters gibt. Zu den Kostbarkeiten gehört auch das Portal mit Szenen aus der Genesis – von der Erschaffung Evas bis zur Vertreibung aus dem Paradies.

Figurenfries
an der Westfassade der
Abteikirche

‹Dame blanche› und Hexenfeuer

**BOLLENBERG
BEI ORSCHWIHR**

ANFAHRT
per PKW bis Orschwihr;
mit Bahn bis Rouffach,
von dort mit Bus bis
Orschwihr oder West-
halten

WEG
zur Kapelle am östlichen
Dorfende von Orschwihr
500 m ungeteerte Strasse
bergauf

HINWEIS
zum Restaurant
Bollenberg von Rouffach
Richtung Soultzmatt, nach
der Ausfahrt aus der
Schnellstrasse erneut
abzweigen und durch die
Weinberge hinauffahren
(die Einfahrt ist nicht leicht
zu finden)

Einmal im Jahr, in der Nacht vom 14. auf den 15. August, wird der Bollenberg, der 363 Meter hohe, markante Hügel aus Jurakalk zwischen Rouffach, Orschwihr und Westhalten, zum Schauplatz eines Kultes, zu dem Massen von Menschen aus der ganzen Region pilgern: Bei der kleinen Heilig-Kreuz-Kapelle, die vom östlichen Dorfrand Orschwihrs aus auf einem kurzen, aber steilen und ungepflasterten Strässchen erreichbar ist, wird das berühmte ‹Hexenfeuer› abgebrannt. Das restliche Jahr über tummeln sich auf dem Berg, der ein kleines Naturschutzgebiet einschliesst, höchstens ein paar Naturfreunde; Anwohner gibt es einzig im grossen Weingut ‹Clos Sainte Apolline› mit Restaurant und Herberge, das man auf der Ostseite des Bergs von der D 18 aus erreicht.

Früher muss auf der Westseite des Bollenbergs reges Leben geherrscht haben. Bis ins 12. Jahrhundert hinein gab es in der Nähe der heute verschwundenen, St. Martin geweihten Kirche einen bedeutenden regionalen Markt. Die Kirche soll im 6. oder 7. Jahrhundert entstanden sein, sie diente den umliegenden Gemeinden Rouffach, Soultzmatt, Westhalten, Gundolsheim, Pfaffenheim, Bergholtz und Orschwihr als Gotteshaus; in ihrem Umkreis wurden Merowingergräber gefunden, die heute im Unterlinden-Museum in Colmar aufbewahrt werden. Nach 1550 wurde die Kirche nur noch als Wallfahrtskapelle genutzt, betreut von einem Eremiten. Nach der Französischen Revolu-

tion wurde sie als nationales Eigentum zum Verkauf ausge-
schrieben, ihre Überreste wurden 1838 beseitigt.

Im Volksmund wird die verschwundene Kirche mit St. Apol-
lonia in Verbindung gebracht; man nimmt an, dass die Heilige
an diesem Ort besonders verehrt wurde. Manche Autoren vermuten aber auch ein ursprüngliches Apollo-Heiligtum an diesem Platz oder deuten den Namen Bollenberg als Ableitung des
keltischen Götternamens Bel-Baal. Auf dieser Bergseite hat

man auch einige aus der Jungsteinzeit datierende Funde
gemacht: Wo sich heute der Rebberg befindet, stiess man auf
Mauern, Ziegel und Münzen aus gallo-römischer Zeit. Die
Vorgängerin der RN 83, die im Osten am Fuss des Bergs vorbei-
führt, wurde mit Sicherheit schon von den Römern angelegt.

Die Heilig-Kreuz-Kapelle, die im Volksmund ‹Chapelle des sor-
cières› genannt wird, war früher eine viel besuchte Wallfahrts-
stätte. Zahlreiche Legenden ranken sich um diesen Ort, etwa
über Erscheinungen der auch an anderen Orten erwähnten

‹Dame blanche›. Biophysikalische Messungen deuten nach Adolphe Landspurg auf einen alten Kultplatz hin. Ganz im Zeichen unserer Zeit hat man hier ein grosses Volksfest ins Leben gerufen, das erwähnte ‹Haxafir›: Man verlegte das ursprüngliche Fasnachtsfeuer im Jahre 1975 auf den Monat August. Es sind die Conscrits, die angehenden Rekruten von Orschwihr, die den grossen Scheiterhaufen vor der Kapelle entzünden und damit die auf dem Holzstoss befestigte Hexen-

puppe dem Feuer übergeben. Sobald die hohen Flammen in den Nachthimmel lodern, ergreift die Menschen auch in unserem säkularisierten Zeitalter ein feierlicher Schauder an diesem von Legenden umwobenen Ort.

Ein Tempel für Merkur

DONON

ANFAHRT
per PKW bis Schirmeck
(Vallée de la Bruche),
abzweigen auf die D 392
und über Grandfontaine
zur Passhöhe (Col du
Donon, 718 m); keine
öffentlichen Verkehrs-
mittel

WEG
45 Gehminuten zum Gipfel
(1009 m)

HINWEIS
Plan und Wegweiser am
Parkplatz

Das ehemalige
Tempelmuseum auf dem
Gipfel des Donon

Macht man sich auf den Weg zum höchsten Punkt der mittleren Vogesen, dem Gipfel des Donon, bemerkt man bald, wie geschichtsträchtig dieser Ort ist. Der Col du Donon liegt westlich vom Mont Sainte-Odile und ist von Schirmeck aus erreichbar. In der Zeit vom 1. bis zum 3. Jahrhundert suchten dort oben Scharen von Pilgern die Nähe zu den Göttern; zahlreiche Überreste von gallo-römischen Tempeln und Götterfiguren legen beredtes Zeugnis davon ab. Ihr Kult galt Merkur, dem Gott des Handels und höchstverehrten Gott im nordöstlichen Gallien.

Heute wird man beim Aufstieg auf den Gipfel (es gibt eine Hinweistafel mit Plan am Endpunkt der Zufahrtssstrasse auf dem Parkplatz) vorerst einmal mit den ernüchternden Errungenschaften unserer Zeit konfrontiert: Ein mächtiger, rotweisser Fernsehturm, der trotz massiver Proteste errichtet wurde, ragt in den Himmel. Bald darauf gibt der Weg jedoch eine herrliche Rundsicht auf die sanften Vogesengipfeln bis in weite Ferne frei. Auf der Anhöhe erblickt man auf einem Felsvorsprung die Umrisse eines antiken Tempels. Zwar handelt es sich nur um eine bis 1958 als Museum genutzte Rekonstruktion aus dem Jahre 1869, doch das sorgfältig nachempfundene Gebäude verleiht dem Platz eine gewisse Weihe und lenkt die Gedanken auf den einstigen kultischen Gehalt des Orts. Der glitzernde, rötliche Vogesensandstein knirscht unter den Schuhen, Gräser zittern im Wind, und an schattigen Plätzchen ragt im Sommer Digitalis aus dem sattgrünen Farn. Die antike Strasse, die hier einst mit Tempeln und Stelen des keltisch-römischen Pantheons gesäumt war, ist nicht mehr zu erkennen. Am Rand des Fusswegs stösst man jedoch bald auf sorgfältig behauene, quaderförmige und dreieckige Sandsteinblöcke, die ungeordnet im Gras liegen – Reste des ersten Tempelgebäudes, das nach Beschreibungen aus dem 17. Jahrhundert damals noch bis zum First erhalten war. In den Boden eingegra-

bene Aushöhlungen könnten den Pilgern für Fussbäder gedient haben. In der Nähe des Tempels fand man Fragmente religiöser Skulpturen, beispielsweise von Jupiter – in Umwandlung des keltischen Tarani dargestellt als Reiter, mit der rechten Hand einen Blitz schleudernd. Sein Pferd zertritt ein Ungeheuer mit menschlichem Körper und Schlangenhaupt; heute ist diese Skulptur im Archäologischen Museum von Strassburg ausgestellt. Auch ein Opferaltar kam hier zum Vorschein sowie ein menhirähnlicher Stein, der möglicher-

Ruinen gallo-römischer Tempelanlagen

weise den Omphalos, den ‹Nabel›, als Mittelpunkt des Heiligtums verkörperte.

Steigt man ein paar Schritte weiter, stösst man auf eine Brunnenfassung, die den Archäologen Rätsel aufgibt. Sie ist 7,80 Meter tief und wird nur von Regenwasser gespeist, obwohl sich in der Nähe eine Quelle befindet, die heute überdeckt ist. Die Hypothesen der Forscher dazu sind zahlreich: War der Brunnen das ‹Auge des Donon›? Ein Schacht für bestimmte

Rituale oder für Bestattungen? Ein Heldengrab? Ein Brunnen zur Aufnahme von Opfergaben? Möglicherweise handelte es sich um eine Zisterne, und man benutzte das Regenwasser für Rituale.

Etwas weiter bergaufwärts sind einige behauene Felsquader zu entdecken, die letzten Zeugen eines weiteren Tempels. Dieses Gebäude muss im Kult des hier verehrten Merkur eine wichtige Rolle gespielt haben. Die Mehrzahl der Votivstelen, von denen einige als Abguss auf dem Gelände beim Fernsehturm zu sehen

Eine Kopie der Jupiterstatue steht heute auf dem Col du Donon

sind, hat man hier gefunden. Ausserdem entdeckte man eine Weihe-Inschrift, ein Gelübde an Merkur oder auch an Vosegus, den keltischen Schatzgott, der dem Gebirgszug seinen Namen gab, sowie an Hekate, die oberste Göttin der Kelten in Nordostgallien. Ob auf der Anhöhe ursprünglich ein Bauwerk stand wie heute – man müsste hier das Allerheiligste vermuten – ist unklar. Als zwei Benediktinermönche im Jahre 1692 die antiken Ruinen des Donon wieder entdeckten, fand man jedenfalls

auf dem Gipfel ausser ein paar Keramikresten keine weiteren Objekte.

Der Donon (der keltische Begriff ‹Dunon› bezeichnet einen Berg oder eine befestigte Ringmauer) hat von der Jungsteinzeit an als Festung gedient – man hat geringe Überbleibsel einer Ringmauer gefunden. Er wurde vom 1. bis zum 3. Jahrhundert zur berühmten gallo-römischen Kultstätte, die von den Mediomatrikern im Norden, den Tribokern im Osten und den Leuci im Süden gemeinsam benutzt wurde und dem Merkur-Teutates geweiht war. Im frühen Mittelalter ersetzte ein christliches Kloster das Heiligtum, doch gelang es nicht, wie auf dem benachbarten Odilienberg, die spirituelle Bedeutung des Orts zu erhalten. Die antiken Reste des Donon gerieten in Vergessenheit, im Bewusstsein der Bevölkerung nur noch als Legenden gegenwärtig. Erst die erwähnten Mönche, die eigentlich auf der Suche nach der legendären Metropole der frühen Merowingerkönige waren, regten im 17. Jahrhundert die Forschung an. Viele Überreste sind trotzdem seither zerstört worden oder verschwunden, heute steht der Ort unter Natur- und Denkmalschutz.

Die Patronin der Spielleute

DUSENBACH

ANFAHRT
Bus ab Bahnhof Colmar
bis Ribeauvillé; per PKW
2 km auf der D 416
(Richtung Sainte-Marie-
aux-Mines) bis Parkplatz
WEG
entweder ab Oberstadt
Ribeauvillé Wanderung
über die Burgen Girsberg
und Ribeaupierre bis
Dusenbach (2 km) oder
30 Gehminuten auf dem
bergauf führenden Pilger-
weg ab Parkplatz neben
der D 416
ÖFFNUNGSZEITEN
täglich 8–19 Uhr

‹Pfyfferdaj› in Ribeauvillé

Sie wirkt wie eine einfache Frau aus dem Volk, die Schmerzensmutter Notre Dame du Dusenbach. Das zierliche Gnadenbild, eine Holzstatue aus dem 15. Jahrhundert, zeigt Maria mit dem Christusleichnam auf den Knien und ist noch heute das Ziel vieler Menschen, die täglich den Wallfahrtsort nahe Ribeauvillé aufsuchen. «Vielen Dank für die Heilung von einer schweren Krankheit», heisst es beispielsweise im Pilgerbuch, «Permets-nous d'élargir notre famille avec un deuxième enfant» oder «Bitte hilf, dass mein krebskranker Mann wieder ganz gesund wird».

Rund zwei Kilometer hinter dem Ortsausgang von Ribeauvillé (Rappoltsweiler) in Richtung Sainte-Marie-aux-Mines (Markirch) öffnet sich das bewaldete Dusenbachtal. Von einem Parkplatz aus führen drei Wege in rund halbstündigem Spaziergang zum kleinen Kloster hinauf: der ‹Sentier botanique Maria Raydt›, der Kreuzweg, gesäumt von den Stationen der Leiden Christi – lebensgrosse, 1896 in München hergestellte Reliefs – und der dem Dusenbach folgende alte Pilgerpfad. Die Überraschung ist gross, wenn sich oben der Wald öffnet und der Blick frei wird auf das Ensemble von Kirche, Kapelle und Kloster, das an diesem wundervollen Flecken Natur auf einem Fels errichtet wurde. Drei Kapuzinerpater leben hier und betreuen die Wallfahrer, im ‹Abri des pèlerins› wird für das leibliche Wohl gesorgt. Von hier aus kann man noch weiter aufsteigen zu den drei Burgen St. Ulrich, Girsberg und Ribeaupierre (Rappoltstein).

Es war Egelolf von Rappoltstein, der diese heilige Stätte begründete. 1221 kehrte er von einem Kreuzzug zurück und brachte ein Muttergottesbild mit, das er dem Einsiedler vom Dusenbachtal übergab. Zum Dank für die glückliche Heimkehr errichtete er eine Kapelle, und die Madonna fand beim Volk und bei der Ritterschaft breite Verehrung. Der Zulauf war derart gross, dass sich die Neffen Egelolfs, Ulrich II. und Heinrich I., genötigt sahen, eine zweite Kapelle zu errichten. 1297 fügte Anselm der Kühne, ein Enkel Ulrichs II., eine dritte Kapelle hinzu, zum Dank für seine Befreiung aus der Burg Achalm in Schwaben.

Um das Ende des 15. Jahrhunderts herum wurde die Madonna von Dusenbach zur Schirmherrin der Spielleute. Die fahrenden Musikanten des Mittelalters waren als Gaukler und Unterhalter zwar begehrte Leute, als Nicht-Sesshafte galten sie jedoch als ehrlos und waren von den bürgerlichen Rechten ausgeschlossen. Als man ihnen nach dem Konzil von Basel erstmals das Recht zur Teilnahme an den Sakramenten zusprach, stellte sich die Bruderschaft der Fahrenden unter den Schutz «unser lieben Frowen», und 1494 nennen ihre Statuten ausdrücklich Notre Dame du Dusenbach als Patronin. Jeder Gesellschaftsbruder hatte die Marien-Feiertage zu respektieren, und jeweils am Tag nach Mariä Geburt, dem 8. September, fand in Rappoltsweiler die Jahresversammlung der Bruderschaft statt. Die Adligen von Rappoltstein waren die weltlichen Schutzherren der Bruderschaft, sie ernannten den ‹Pfifferkunig›, eine Art Präsident der Vereinigung, hielten über die Gesellschaftsbrüder Gericht und zogen die Steuern ein. Als mit der Französischen Revolution die Macht der Zünfte eingeschränkt wurde, war auch das Ende der Elsässer Spielleute-Bruderschaft gekommen, und 1789 wurde der Pfeifertag verboten.

Doch die Rappoltsweiler mochten nicht auf die vergnüglichen Tage mit Tanz und Jahrmarkt verzichten und führten das Fest

1802 in neuer Form wieder ein. Noch heute wallfahren die Vereinigungen vom ‹Pfyfferdaj› am Sonntag nach ihrem Fest, das in Ribeauvillé am 1. Sonntag im September gefeiert wird, zum Gnadenbild auf den Berg hinauf.

Auch Dusenbach hat mehrfache Zerstörungen erlitten und ist immer wieder neu aufgebaut worden; die heutigen Bauten wurden 1894 nach den ursprünglichen Plänen errichtet. Wandgemälde in der Gnadenkapelle des Klosters erzählen

die wechselvolle Geschichte des Wallfahrtsorts, von dem noch heute eine geheimnisvolle Ruhe ausgeht.

Das malerische
Ensemble von
Notre Dame
du Dusenbach

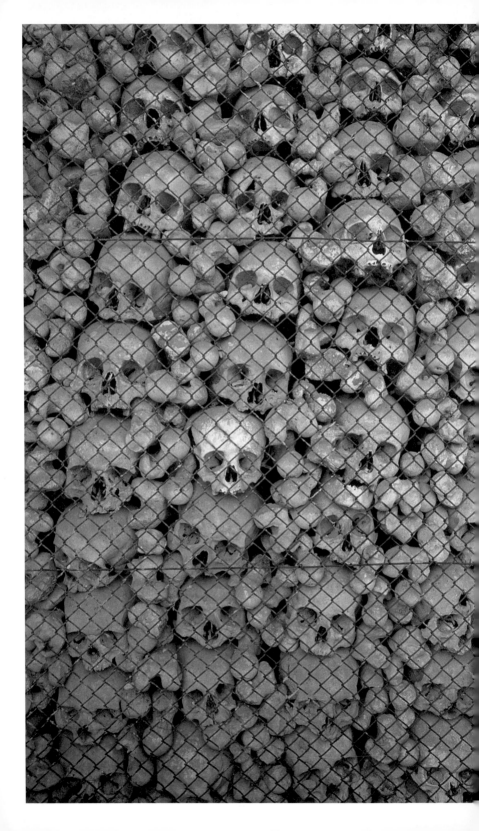

Sainte-Marguerite mit dem ‹Klösterle›

EPFIG

ANFAHRT
Bahn via Sélestat bis Epfig

WEG
ab Bahnhof rund 15
Gehminuten zur Kirche, im
Dorfzentrum in die
Rue Sainte-Marguerite
einbiegen

ÖFFNUNGSZEITEN
täglich 8–18 Uhr

Nichts deutet in Epfig, dem bescheidenen Weindorf zwischen Sélestat und Barr, auf besondere Sehenswürdigkeiten hin. Biegt man jedoch in der Ortsmitte in die Rue Sainte-Marguerite ein, die weiter nach Kogenheim führt, so stösst man am Ende der Häuserzeile auf eine unerwartete Kostbarkeit: die von alten Eiben gesäumte romanische St. Margarethenkapelle. Sie ist mitsamt ihrem kleinen Friedhof von einer Mauer umschlossen, und es heisst, sie könnte einmal die Kirche eines gleichnamigen Weilers gewesen sein. Die in Kreuzform angelegte Kapelle gehört zu den ältesten romanischen Baudenkmälern des Elsasses und stammt aus dem ersten Viertel des 11. Jahrhunderts. Rund hundert Jahre später wurde sie durch eine Arkadengalerie, einem kleinen Kreuzgang ähnlich, erweitert. ‹S Klösterle› nennen die Einheimischen diesen stimmungsvollen Anbau, eine grosse Besonderheit, wie man sie im Elsass sonst nirgends findet, und über deren Funktion gerätselt wird. Der Anbau könnte als Erweiterung der Kirche für besondere Zeremonien gedient haben oder als Ort, an dem sich jene aufhalten konnten, die vom Gottesdienst ausgeschlossen waren.

Nach mündlicher Überlieferung soll hier ursprünglich ein der heiligen Berta gewidmetes Kloster gestanden haben. Tatsächlich gab es in Epfig einen derartigen Konvent, der im Jahre 895 von Rothrude, der Äbtissin von Erstein, für die Nonnen aus dem Kloster von Blangy in Artois, die auf der Flucht vor den Nor-

mannen hierher kamen, gegründet wurde. Andere vertreten
die Ansicht, bei der Kapelle könnte es sich um die ursprüngliche Pfarrkirche von Epfig gehandelt haben, da Sainte-
Marguerite früher drei Altäre besass und der kleine Tabernakel
in der Wand des Chors belegt, dass hier regelmässig Messen
gelesen wurden. «Notre chapelle n'offre ni riches sculptures, ni
chatoyants vitraux, mais nous aimons sa simplicité, la paix
qu'on y respire. On y est en prise directe avec Dieu» steht im

kleinen Führer, der in der Kapelle aufgelegt ist. Der stille Ort
lädt zur Besinnlichkeit ein. Überall sind Spuren gotischer
Malereien zu entdecken, die bei der Renovation von 1875 freigelegt wurden. Im Chorgewölbe erhebt sich Christus als Welt-
herrscher, umgeben von den Symbolen der vier Evangelisten
nach der Vision des Ezechiel: der Stier für Lukas, der Löwe für
Markus, der Engel für Matthäus und der Adler für Johannes.
Wer sich weiter umsieht, wird die Heiligenscheine verblasster
Gestalten und an der Westmauer zwei eingemeisselte Köpfe

Sainte-Marguerite
in Epfig

entdecken, die mit versteinerten Mienen auf den Betrachter hinunterschauen.

An der nördlichen Aussenwand befindet sich ein Beinhaus, ein Anbau aus dem 19. Jahrhundert, hinter dessen Vergitterung sorgsam aufgeschichtete Schädel und Totenbeine zu sehen sind. Hierbei handelt es sich, wie eine Untersuchung von 1977 ergab, um Gefallene aus den Bauernkriegen, die 1525 bei der von Antoine le Lorrain geführten Unterdrückung des Aufstandes gestorben waren. Der kleine Friedhof ist über Generationen hinweg von den Dorfbewohnern genutzt worden; hier entdeckt man Grabsteininschriften mit vielen typisch elsässischen Namen: Wurtz, Munch, Frantz, Uhl, Metz und Spitz.

Die romanische Jakobus-Kirche

FELDBACH

ANFAHRT
Bus ab Bahnhof Altkirch
(eingeschränkte
Verkehrszeiten)
ÖFFNUNGSZEITEN
täglich 8.30–20 Uhr

Die wundervolle romanische Basilika von Feldbach ist eine der ältesten Kirchen des ganzen Elsasses. Sie stand bereits, als Friedrich I., Graf von Pfirt, und seine Gattin Stephanie von Eguisheim im 12. Jahrhundert an dieser Stelle ein Kloster gründeten. Es heisst, die Dienstleute des Grafen hätten damals das Frauenklösterchen Klein-Lützel überfallen und ausgeplündert. Zur Sühne sei Friedrich nach Santiago de Compostela gepilgert und habe dann an der ‹Welpach› genannten Stätte «für seine und seiner Eltern Seelenruhe» das Frauenkloster Feldbach erbaut. Die Stifungsurkunde des Klosters Feldbach aus dem Jahr 1144 ist von zahlreichen Würdenträgern, darunter der damalige Bischof von Basel, Ortlieb von Froburg, gesiegelt. Friedrich und seine Gattin haben später im Kloster Oelenberg (siehe S. 137 ff.) ihre letzte Ruhe gefunden.

Die Basilika in Feldbach war dem heiligen Laurentius geweiht; dieses Patrozinium deutet darauf hin, dass es sich um ein uraltes christliches Heiligtum handelt. Feldbach wurde an der Kreuzung zweier Römerstrassen gegründet, und man vermutet, dass hier einst ein gallo-römisches Heiligtum stand. Nach der Klostergründung wurde die Kirche wahrscheinlich umgebaut und unter das Patronat von Jakobus gestellt. Später entstand ein eigenes Prioratsgebäude, das heutige ‹Schlössle›. Da das Frauenkloster dem mächtigen Kloster Cluny zugeordnet war, besass dessen Abt auch das Recht, den Prior, den Vikar und

Der Habsburger Löwe
auf dem mutmasslichen
Grabstein des Grafen
Ullmann von Pfirt

weitere Mönche zur Betreuung des Benediktinerinnen-Konvents und für die Pfarrei zu ernennen.

Die Kirche, eine stilreine, dreischiffige romanische Basilika, wurde mit einer Krypta versehen, die nach der Überlieferung den Grafen von Pfirt als Begräbnisstätte dienen sollte. Bis heute konnte man allerdings bei archäologischen Grabungen keine Gebeine entdecken; der berühmte Theologe Sebastian Münster (1488-1552) behauptet jedoch, hier um 1550 dreizehn Gräber der Grafen von Pfirt gesehen zu haben. Ein einziger noch vorhandener Grabstein mit dem Habsburger Löwen und einem Männerkopf, der den 1385 verstorbenen Ullmann von Pfirt darstellen könnte, weist heute auf diese Aussage hin.

Das Kloster von Feldbach, das neben der Kirche lag und heute vollständig verschwunden ist, war eines der wichtigsten Cluniazenserklöster des Sundgaus. Zwischen zwanzig und vierunddreissig Nonnen lebten hier, die grösstenteils adeligen Familien aus dem Elsass oder aus der nahen Schweiz entstammten. Die Generalkapitel von Cluny bestellten 1280 und 1290 für Feldbach ausdrücklich einen Prior, der auch der deutschen Sprache mächtig war.

Dem Priorat waren, bis zu seinem Ende durch die Französische Revolution, wechselhafte Zeiten beschieden, wohl bedingt durch seine Lage an einer wichtigen Strassenkreuzung. 1269 geriet es in die Streitigkeiten der Häuser Pfirt und Mömpelgard (Montbéliard), wobei beide Kloster und Dorf ausraubten. 1356 erschütterte das grosse Basler Erdbeben die Grundmauern der Gebäude, und während des Hundertjährigen Krieges drangen die Engländer 1370 bis in den Sundgau vor und zerstörten dabei auch Feldbach. 1444 plünderten es die in österreichischen Diensten stehenden Armagnaken auf ihrem Rückzug aus der Schlacht bei St. Jakob an der Birs, wo sie von den Eidgenossen geschlagen worden waren; zwei Jahre später fielen auch die Basler in die Grafschaft Pfirt ein und brannten

Kloster und Kirche von Feldbach nieder. Im Bauernkrieg schliesslich flüchteten die Klosterfrauen 1525 nach Basel und kehrten nie wieder in ihr Kloster zurück. Der Prior jedoch blieb und verwaltete im Auftrag der Pfarrei Klostergebäude und Kirche. 1636 übergab Kaiserin Claudia von Österreich das Priorat und dessen Güter an die Jesuiten von Ensisheim, und 1773 fiel alles an das königliche Kollegium in Colmar. Das Kloster wurde in der Folge aufgelöst und abgetragen, während die

Kirche stehen blieb. Sie ist in den Jahren 1975 bis 1977 renoviert und zum Teil in ihren ursprünglichen Zustand zurückversetzt worden. Der Kirchenraum mit seinen mächtigen Pfeilern, Rundbögen und der schlichten Holzdecke ist heute ein wundervoller Ort der Ruhe und Besinnung, der neben den Gottesdiensten auch für Konzerte genutzt wird.

Kirche von Feldbach

Der jüdische Friedhof – Ort für die Ewigkeit

HEGENHEIM

ANFAHRT
Bus der Basler Verkehrs-
betriebe ab Basel Schiff-
lände bis Haltestelle
Grabenring (Allschwil)
oder Bus ab Saint-Louis
via Bourgfelden bis
Hegenheim

WEG
ab Haltestelle Grabenring
15 Gehminuten über den
Zoll bis Dorfende
Hegenheim (Rue de
Hagenthal)

ÖFFNUNGSZEITEN
tagsüber, ausser am
Samstag (Sabbat) und an
jüdischen Feiertagen

Er ist ein Ort voller Ruhe, der zur Besinnlichkeit einlädt, der jüdische Friedhof in Hegenheim. Einzig von der Landstrasse nach Hagenthal dringt zeitweise Autolärm herüber. Seit über dreihundert Jahren werden hier Menschen zur letzten Ruhe gebettet, rund siebentausend sollen begraben sein. Viele der alten Grabsteine, die meist nach Osten, nach Jerusalem ausgerichtet sind, sind eingesunken, zerbrochen oder umgefallen. Aufgegeben werden sie nicht, denn der jüdischen Tradition gemäss darf der ewige Frieden der Toten nicht gestört werden. Ein Grab darf deshalb auch nicht neu belegt werden. Da und dort ist auf den Grabsteinen ein Steinhäufchen zu entdecken, Zeichen dafür, dass Menschen das Grab besucht haben. Unter den alten Tannen machen sich Moos und Efeu breit, und viele der Inschriften sind im Laufe der Zeit unleserlich geworden. Bis um 1820 wurden diese Inschriften ausschliesslich in Hebräisch abgefasst, später sind französische und deutsche hinzugekommen. Die Gedenksteine sind nicht geradlinig angeordnet, die Reihen weisen Krümmungen auf. Man sagt, sie sollen in früheren Zeiten kabbalistischen Gesetzmässigkeiten gemäss geplant worden sein.

Der jüdische Friedhof in Hegenheim wurde 1673 angelegt, nachdem die seit Ende des 16. Jahrhunderts in Zwingen bestehende Anlage vollständig belegt war. Aus dieser Anfangszeit finden sich noch Grabsteine im unteren Teil des Friedhofes, am Ufer des Lertzbaches.

Am 9. Januar 1673 verkaufte Junker Hannibal von Bärenfels, damals Herr von Hegenheim, für 67 Pfund und 10 Schilling «den gesambten im dorf Hägenheymb dieser Zeit wohn- und sässhaften Juden, allen dero Erben undt nachkomenden Judensgenossen [...] ein Stückh Ackhers, so würklichen ausgestreckht, sambt dem darzu gehörigen Graben, im Hagenheymer Bann gegen der äusseren Mühlin allda, einseits Mir den Verkäufer selbsten, anderseits dem Häglin am Bach bei Blutwurstmatten gelegen [...] dergestalten, dass gemeldte Judenschaft für sie, ihre Erben, alle dero Erbens-Erben undt Nachkommen, dieses ihr erkauftes Stückh Ackher als ein Todtes Ackher gebrauchen [...]». Registereinträge bestehen ab 1692: In diesem Jahr wurden Friedhofstatuten erstellt und die Gemeinden genannt, die «mit je einem Familienhaupt als berechtigte Friedhofsmitglieder» Anteil am Friedhof hatten, nämlich Hegenheim, Allschwil, Schönenbuch, Oberwil, Hagenthal, Blotzheim, Sierentz, Uffheim, Kembs, Huningue, Habsheim, Morschwiller, Steinbrunn und Dornach. Später kamen Durmenach, Oberdorf, Leymen, Hirsingue und Seppois hinzu, und Anfang des 19. Jahrhunderts Altkirch, Wittersdorf sowie einige Familien aus Belfort, Montbéliard und Vesoul. 1808 waren alle jüdischen Familien aus Basel eingetragene Mitglieder, bis 1903 auf baselstädtischem Boden ein neuer jüdischer Friedhof bewilligt wurde.

Der Friedhof in Hegenheim ist wohl der grösste, aber nicht der einzige jüdische Friedhof im Elsass. In Hagenthal-le-Bas liegt am Waldrand der kleine ‹cimetière juif›, der 1996 zum ‹monument historique› erklärt wurde. Bedeutender noch ist der 1620 angelegte Friedhof von Schlettstadt (Sélestat) sowie der in Jungholtz 1655 entstandene, auf dem heute noch bestattet wird.

Als im Zuge der Französischen Revolution auch die jüdischen Einwohner Bürgerrechte erhielten, entstanden daraufhin in mehreren Gemeinden jüdische Friedhöfe, wie beispielsweise in Durmenach, Seppois-le-Bas, Luemschwiller, Uffheim und Kembs. Auch im Badischen gab es zahlreiche jüdische Friedhöfe, unter anderem in Breisach, Emmendingen, Schmieheim oder Sulzburg, wo seit 1546 Juden beerdigt wurden. Dort steht heute ein Gedenkstein: «Den Opfern der Judenverfolgung von 1933 bis 1945 gewidmet und dem Gedenken der Juden von Sulzburg und Staufen, die schutzlos preisgegeben den Tod für

ihren Glauben erlitten. Errichtet zum dreissigsten Jahrestag der Auslöschung ihrer altehrwürdig frommen Gemeinde – 1970».

Gräberfeld auf dem
jüdischen Friedhof
von Sulzburg

Das Quellheiligtum am Waldrand

HEIMERSDORF

ANFAHRT
Bus ab Bahnhof Altkirch
(eingeschränkte Verkehrs-
zeiten); per PKW auf der
D 432 zwischen Feldbach
und Hirsingue, die
Quelle liegt 300 m südlich
des Dorfeingangs von
Heimersdorf am
Waldrand. Der Odilien-
brunnen befindet sich
beim Denkmal unterhalb
des Friedhofs am
Dorfrand.

ÖFFNUNGSZEITEN
Odilienkapelle auf dem
Friedhof nur zu
Gottesdiensten geöffnet

Wer von Ferrette über Feldbach nach Altkirch gelangt, fährt meist achtlos an Heimersdorf, einem bescheidenen Sundgauer Dorf, vorbei. Kurz vor dem Ortseingang liegt hier eine kleine Siedlung, in der rund ein Dutzend Familien von Fahrenden lebt; am Strassenrand bieten sie grosse, von Hand geflochtene Körbe an. Manchmal sieht man Frauen, die ein paar Schritte zu einer Quelle am Waldrand gehen, um dort Wasser zu holen, und wer genau hinschaut, kann hier ein kleines, liebevoll geschmücktes Heiligtum entdecken. «Marie Quéla» steht da in ungelenker Schrift auf Elsässisch geschrieben, und am leise rinnenden Wasser finden sich Heiligenfiguren, allen voran Maria, und viele bunte Blumen.

Es ist eine ältere Dame aus der Siedlung, die aus tiefer Religiosität den stillen Ort zu einer Andachtsstätte gemacht hat. Marie Löffler ist in einem kleinen Camp in Bettendorf bei Hirsingue aufgewachsen und konnte dort nur kurze Zeit die Schule besuchen, bevor der Zweite Weltkrieg ausbrach. Die Gitans – ‹Zigeuner›, wie sich selbst bezeichnen – wurden damals in ein Lager bei Saintes-Maries-de-la-Mer in Südfrankreich verbracht, wo Marie Löffler als Kind miterleben musste, wie die Eltern an Hunger und an Krankheiten starben und der Bruder umgebracht wurde. Kein hartes Wort kommt jedoch von ihren Lippen, wenn sie von den furchtbaren Kriegserinnerungen erzählt. In ihrem ganz in Blau gehaltenen, bescheidenen Wohnwagen, den sie mit ihrem Ehemann teilt, ist eine ganze Seitenwand für einen Altar reserviert. Es ist der Glaube, der diese Frau, zwölffache Mutter und Pflegemutter heute erwachsener Kinder, den von Armut geprägten Alltag ertragen lässt und ihr über die schweren Erlebnisse hinweghilft. Unvergesslich ist ihr die Erinnerung an einen gemeinsamen Besuch mit ihrer Mutter in Lourdes, und ihr grösster Wunsch ist es, einmal mit ihrer Familie nach St. Märgen zur Wall-

fahrtskapelle des Apostels Judas Thaddäus auf dem Ohmen zu fahren, wo im Grundstein ein Handknochen des Heiligen aufbewahrt wird. In dieser Kapelle im Hochschwarzwald wird Judas Thaddäus von Gläubigen in aussichtslosen Lagen angerufen.

Es gibt noch eine zweite Quelle in Heimersdorf: Sie wird mit der heiligen Odilia (siehe S. 129 ff.) in Verbindung gebracht, und es heisst, die Wasserstelle friere auch im kältesten Winter nie ein. Immer wieder holen Leute aus dem Sundgau hier

Die heilige Odilia in der Wallfahrtskapelle St. Ottilien bei Freiburg i. Br.

Wasser, vor allem um Augenleiden zu lindern. Dieses ‹Odilien-brünnlein› und ein Kriegerdenkmal, auf dem die heilige Odilia dargestellt ist, liegt unterhalb des Friedhofs am Dorfrand, an der Strasse Richtung Feldbach. Auf dem Friedhof steht eine der Heiligen geweihte Kapelle, die aus dem 8. Jahrhundert stammen soll, 1302 erstmals erwähnt ist und als Wallfahrtsort bei Augenleiden aufgesucht wurde; auf ihrem Barockaltar ist Odilia im Nonnengewand zusammen mit Bischof Erhard zu sehen, der sie einst getauft hatte. Nach der Legende soll sich Odilia in einem heissen Sommer in Heimersdorf aufgehalten und in grossem Durst eine Quelle erweckt haben.

Tatsächlich geht aus dem Testament der heiligen Odilia hervor, dass Heimersdorf zum Arlesheimer Gut gehörte, das sie dem Kloster Hohenburg auf dem Odilienberg vermachte (siehe auch S. 23 und S. 129 ff.), dessen Äbtissin sie war. Im Jahre 1267 schliesslich kam Heimersdorf an den Basler Bischof. Auch das Kloster Murbach (siehe S. 123 ff.) besass Güter in Heimersdorf, und die alten Flurnamen ‹Klostermatte› und ‹Nonnenacker› in der Umgebung weisen auf die vom Klosterleben geprägte Vergangenheit hin.

Das Kirchlein an der Ill

HIPPOLTSKIRCH

ANFAHRT
Bus ab Bahnhof Saint-
Louis bis Sondersdorf
(eingeschränkte
Verkehrszeiten)

WEG
von Sondersdorf aus
1 km auf der D 23
bis Hippoltskirch

ÖFFNUNGSZEITEN
So 12–17 Uhr

Fährt man von Oltingue entlang der Ill über Raedersdorf flussaufwärts nach Ligsdorf, stösst man auf Hippoltskirch, einen stillen Weiler an der Kreuzung zweier ehemaliger Römerstrassen, die von Oltingue nach Winkel beziehungsweise von Sondersdorf nach Kiffis führen. Der Ort besteht aus vier Häusern: Da gibt es einerseits das Forsthaus, gegenüber liegt das kleine, ehemalige Wirtshaus und dahinter, auf dem Areal der früheren Mühle, das ‹Kunsthaus› des Basler Malers und Grafikers Karl Gerstner. Das Herz des Weilers aber ist das Gotteshaus, die kleine, unscheinbare Martinskapelle, die Mutterkirche des Tals. Nach der Legende soll ein Herr von Varimbon oder Graf de La Roche die Kapelle von Hippoltskirch und auch ein Kloster gestiftet haben, nachdem er auf wundersame Weise aus der Gefangenschaft der Türken befreit wurde. Bei dieser Geschichte handelt es sich aber wahrscheinlich um eine Verwechslung mit Saint-Hippolyte, dem alten Städtchen an der Mündung des Dessoubres in den Doubs: Dort hat ein Jean, Comte de la Roche, 1303 das Stift Saint-Hippolyte gegründet, wo der im Elsass wenig bekannte Heilige verehrt wurde.

Hippoltskirch ist eine frühe, dem heiligen Martin geweihte Kultstätte. Der Bau der Kapelle reicht in die fränkisch-merowingische Missionsperiode zurück. Erstmals schriftlich erwähnt wird Hippoltskirch im Jahre 1144 als ‹Hupoldesticlon› in der Gründungsurkunde des Klosters Feldbach (siehe

Bischof Ulrich von
Augsburg besiegt
die Ungarn auf dem
Lechfeld

S. 101 ff.), das vom Comte de Ferrette hier Ländereien erhalten hatte. 1146 wird die Kapelle in einem bischöflichen Dokument ‹Hupoldischilca› genannt, wobei das Kloster Lucelle als Gutsbesitzer an diesem Ort erwähnt wird. Ob die Kirche tatsächlich vom Elsässer Papst Leo IX. geweiht wurde (dargestellt in einer Szene unter dem Hauptaltar), wie dies der Abt und Historiker der Abtei Lützel, Bernardin Buchinger, festgehalten hat, ist zweifelhaft und könnte auf einer Verwechslung mit Saint-Hippolyte beruhen.

Als die Jesuiten im 16. Jahrhundert Feldbach übernahmen, wurden sie gleichzeitig Besitzer der Kapelle und ihrer Pfründe. Das Gotteshaus diente damals als Pfarrkirche der Gemeinde Sondersdorf und stand an deren ursprünglichem Siedlungsort – zumindest weisen die Kistengräber mit Steinplatten aus dem 7. bis 8. Jahrhundert darauf hin, die man man beim Bau des Forsthauses gefunden hat.

Weshalb das Dorf später an den Berghang verlegt wurde, ist nicht bekannt, Überschwemmungen der Ill oder kriegerische Ereignisse könnten die Gründe dafür gewesen sein. Tatsache ist, dass sich die Siedlung unten beim Martinskirchlein zu einem kleinen Weiler zurückbildete. 1768 verfasste die Gemeinde eine Bittschrift an den Fürstbischof von Basel, dem das Gebiet unterstand, er möge die Ulrichskapelle oben im Dorf zur Pfarrkirche erheben, da die Kapelle in Hippoltskirch zu weit entfernt sei. Dieser Bitte kam der Bischof entgegen, ordnete jedoch gleichzeitig die Schliessung der baufällig gewordenen Martinskapelle an, womit die beliebten Prozessionen der Sondersdorfer zu ihrer Maria unterbunden waren – von nun an musste man nach Mariabrunn bei Raedersdorf ziehen.

Bis zu diesem Zeitpunkt hatten die Sondersdorfer regelmässig an den Samstagen zwischen den beiden ‹Kreuztagen›, also vom 3. Mai bis zum 14. September, eine Prozession zur Martinskapelle durchgeführt, wohl um gutes Wetter zu erbitten; am

Markustag waren auch Einwohner von Raedersdorf und Ligsdorf dabei. Im Laufe der Zeit schwand nun die Erinnerung an das altehrwürdige Martinspatrozinium, und heute erinnert nur noch das alte Hochaltarbild in der Kapelle daran.

Zerfallen lassen wollte man das Kirchlein freilich nicht: 1778 versammelten sich die Sondersdorfer und erklärten sich bereit, bei der Renovation zu helfen. Nicht nur Sondersdorf, auch die umliegenden Dörfer setzten sich für diese Lösung ein, «in sonderbarem Vertrauen zu der lieben Mutter Gottes, deren Bildniss auf dem Altare stehet, wegen auch anderer vieler erheblichen Ursachen». So wurde die Martinskapelle 1782 erneuert. Bemerkenswert und als ‹monument historique› eingestuft ist ihre bemalte Kassettendecke, die möglicherweise aus der Ulrichskapelle von Sondersdorf stammt, denn ein Bild zeigt den Sieg von Ulrich, Bischof von Augsburg, über die Ungarn im Jahre 955 bei der Schlacht auf dem Lechfeld. Man schreibt diese Malereien dem Barockmaler J.-C. Stauder zu, der auch in der Abtei Lützel (Lucelle) tätig war.

Woher die prachtvolle Statue Unserer Lieben Frau stammt und wie sie in die Martinskapelle gekommen ist, weiss man nicht; der Legende nach wurde das Gnadenbild in einem Gebüsch am Wegrand gefunden. Votivtafeln und -bilder zeugen noch immer von dessen Verehrung, beeindruckend ist die Dankbezeugung einer alten Frau: «O Maria, Königin der Verlassenen, Du allein bliebst bei mir im Schreck, als die Luft erschütterte vom Rauschen der Bomben, vom Tosen der Granaten, vom Hagel der Geschosse. Als die Fenster klirrten, die Splitter prasselten über die Dächer, als zerfetzte Glieder, Blut, Feuer und Rauch die Strassen erfüllten – da war ich allein in meinem Dachstüblein, das ich mit meinen 90 Jahren nicht mehr verlassen konnte. Nur Du, o Mutter, nur Du bliebst bei mir, und ewig, ewig danke ichs Dir. (Th. J., Mülhausen 1944)».

Vom Kloster zur europäischen Begegnungsstätte

LUCELLE

ANFAHRT
Bus ab Bahnhof Delémont
bis Lucelle

ÖFFNUNGSZEITEN
täglich 8–19 Uhr

Das stille Waldtal der Lucelle, die dem Fuss des Glaserbergs entlang fliesst und unweit von Laufen ins Birstal einmündet, ist noch heute ein Ort der Ruhe und der fast unberührten Natur. Abwechselnd rinnt das Bächlein durch schweizerisches und französisches Gebiet. Das Zollhaus steht im Örtchen Lucelle, das beiderseits der Grenze liegt und in dem einst eine mächtige Abtei der Zisterzienser stand; es ist durch die Schweizer Postautolinie Delémont–Charmoille–Porrentruy auch mit öffentlichen Verkehrsmitteln erreichbar. Spaziert man von der Grenzstation auf der Hauptstrasse des Orts ein paar Schritte weiter, kommt man an ehemaligen Wirtschaftsgebäuden des Klosters vorbei, in denen sich heute das Restaurant ‹Relais de l'Abbaye› mit der kleinen Chapelle Notre Dame befindet, in der ein Modell der ehemaligen Abtei zu sehen ist. Auf der gegenüberliegenden Seite stösst man auf die wenigen Überreste des Konvents. Nur noch das Hauptportal, hinter dem heute ein Park liegt, und zerfallende Mauern erinnern an die vergangene Pracht des untergegangenen Klosters, in dem zeitweise bis zu zweihundert Mönche lebten.

Das Kloster wurde auf dem Herrschaftsgebiet des Bischofs von Basel im März 1123 von den Besitzern des Areals, den drei Brüdern Hugues, Amédée und Richard de Montfaucon, gegründet und war die 23. Filiale der Abtei von Citeaux. Man sagt, Bernard de Clairvaux habe den Grundstein und die Quelle des

Das Hauptportal
des einstigen Klosters
Lucelle

Klosters selber gesegnet, dokumentiert ist dies allerdings nicht. Etwa ein Dutzend Mönche aus Bellevaux bei Besançon waren die Pioniere, die nicht nur hierher kamen, um zu beten, sondern vor allem, um das Land urbar zu machen. Dazu legten sie einen Damm quer durch das Bett der Lucelle an. Bereits 1150 wird das Stauwehr und ein Weiher erwähnt, der heute die grosse Attraktion des Orts bildet und 1975 zum Naturschutzgebiet erklärt wurde. Der Teich war einerseits nützlich für die Fisch-

zucht, andererseits diente die Wasserkraft dazu, Mühlen, Sägewerke und später auch Schmieden zu betreiben.

Die Abtei scheint sich bereits unter dem ersten Abt Stephanus rasch entwickelt zu haben; 1127 weihte der Bischof von Basel Kirche und Abtei der ‹Liebfraue›, deren Bild zum Wappen der klösterlichen Siedlung wurde, denn Maria war die Patronin aller Zisterzienserklöster. Hier auf der Sprachgrenze wurden im Skriptorium Texte aus dem Burgund ins Deutsche und deutsche Texte ins Französische übersetzt. Der Besitz der Abtei mehrte sich rasch, da die Adeligen des Sund- und Elsgaus, die Grafen von Pfirt, Mörsberg, Saugern, Hasenburg, Pfutzhausen, Montjoie und Montbéliard zu ihren freigebigen Wohltätern gehörten. Bald kamen zahlreiche Höfe, Mühlen, Glashütten und Ziegeleien dazu, und in mancher Ortschaft gründete die Abtei Lützel eine ‹Grangie›, ein kleines Priorat wie beispielsweise das ‹Klösterli› bei Kleinlützel am Flüsschen Lucelle, die Löwenburg bei Ederswiler, St. Appolinaris in Michelbach-le-

Ritter vom ‹Orden des Heiligen Grabes› an der ‹Fête Saint-Bernard›

Haut oder Olsberg bei Rheinfelden. Bis zum Ende des 12. Jahrhunderts waren bereits fünf bedeutende Kloster-Neugründungen entstanden: Kaisheim bei Donauwörth in Bayern, Salem am Bodensee, Pairis bei Orbey im Elsass, Frienisberg bei Biel und Sankt Urban im Luzerner Hinterland. Bis zur Auflösung der Abtei während der Französischen Revolution sollten sechzig Tochterklöster aus Lucelle hervorgehen.

Unzählige Verwüstungen durch Feuersbrünste und Kriege hat die Abtei überstanden, und immer wieder ist sie aus den

Trümmern neu errichtet worden, bis ihr die Französische Revolution den Todesstoss versetzte. 1792 hatte Abt Bénédict Noblat mit seinen Mitbrüdern den Ort zu verlassen, Geld und Gut wurden zum Nationalbesitz erklärt, und zwei Jahre später wurden die klösterlichen Gebäude und das Mobiliar versteigert. Heute findet man in unzähligen Orten der Umgebung sakrale Kostbarkeiten aus Lucelle, wie beispielsweise den Hauptaltar mit den Statuen von Papst Leo IX. und St. Nikolaus

in der Kirche von Koestlach, eine Madonna in der Kapelle zwischen Winkel und Oberlarg, die Altäre St. Agatha und St. Joseph in der Kirche von Winkel oder zwei Seitenaltäre in der Kirche von Bouxwiller.

1801 kauften die Schmiedemeister Menier, Bornèque und Binninger die verbliebenen Gebäude, brachen die Kirche ab und errichteten ein Eisenwerk mit Hochofen und eine Giesserei. Dieses Werk wurde später von Basler Fabrikanten aus den Familien Paravicini, Forcart, Vischer und Iselin weitergeführt,

Der Klosterbrunnen stammt aus der Zeit vor der Französischen Revolution die zeitweise bis zu dreihundert Handwerker hier beschäftigten, bis das Werk 1883 geschlossen wurde.

In den letzten Jahrzehnten hat der Ort zu neuem Leben gefunden, vor allem dank des grenzüberschreitenden ‹Oeuvre de Lucelle›. Auf der schweizerischen Seite ist aus dem vormaligen St. Katharina-Werk das Projekt ‹Leben in Lucelle› entstanden, wo sozial oder körperlich benachteiligten Menschen gemeinsames Wohnen und Arbeiten ermöglicht wird, während im französischen Ortsteil die ehemaligen Klostergebäude für das Restaurant ‹Relais de l'Abbaye› mit Caveau und für das Hotel ‹Maison familiale Saint-Bernard› genutzt werden und im ‹Centre Européen de Rencontres› Seminare und Tagungen abgehalten werden. Einmal im Jahr, während der ‹Fête Saint-Bernard›, wird hier auch die religiöse Tradition wieder lebendig, wenn Pilger aus allen umliegenden Orten herbeiströmen, um am Sonntag nach dem 20. August den Jahrestag des Heiligen zu feiern. Dann finden sich aus der Schweiz, aus Deutschland und aus Frankreich Ritter vom ‹Orden des Heiligen Grabes› ein, um in feierlicher Prozession an jene Stätte zu ziehen, die achthundert Jahre lang von den Gebeten der Mönche geprägt war.

MURBACH

ANFAHRT
keine öffentlichen
Verkehrsmittel nach
Murbach, Bus (Richtung
Linthal) ab Bahnhof
Mulhouse bis Haltestelle
Buhl, von dort 2 km
Fussweg

ÖFFNUNGSZEITEN
täglich 8–19 Uhr

In einem stillen, bewaldeten Seitental des Florival (Lauchtal) hinter Guebwiller, das einst der Bach Murr gebildet hat, stösst man auf die Überreste einer mächtigen Abtei, die nach dem Flüsschen ‹Murbach› benannt wurde. Ein bescheidenes Dorf hat sich hier angesiedelt, seitdem die Mönche vor rund zweihundert Jahren weggezogen sind. Die Ausmasse des von der Kirche übrig gebliebenen, nach Osten ausgerichteten Chors mit zwei Seitenkapellen, dem Querschiff und den beiden imposanten Türmen, die an Cluny erinnern, lassen die Bedeutung des ehemaligen Benediktinerklosters erahnen. Es handelt sich um eines der wichtigsten romanischen Bauwerke im oberrheinischen Raum. In seltsamem Widerspruch dazu steht die zauberhafte Ruhe, die von diesem Ort ausgeht und die Vergänglichkeit seiner irdischen Pracht zu bezeugen scheint; auf dem Boden des verschwundenen Längsschiffs der Abtei-Kirche steht heute der Friedhof.

Die Gründung geht auf die Merowinger zurück: Es war Graf Eberhard von Eguisheim, ein Enkel des Eticho, des Vaters der Odilia (siehe S. 129 f.), der hier am Fuss des Grossen Belchen (Grand Ballon) im Jahre 728 eine Abtei gründete. Im benachbarten Bergholtz-Zell bestand damals eine Gemeinschaft irischer Wandermönche. Eberhard liess den Bischof Pirmin von Reichenau zu sich kommen, der in diesem ‹Vivarius Peregrinorum› erstmals im Elsass die Benediktiner-Regel einführte. Pirmin war ein grosser Missionar der damals noch wenig

christianisierten Bevölkerung und versuchte, die Aleman-
nen von der Verehrung germanischer Gottheiten abzuhalten.
«Verehrt nicht Götzen und bringt ihnen keine Opfer auf den
Felsen [...]. Betet nicht am Fuss der Bäume [...]. Verehrt nicht die
Götter bei den Quellen [...]. Macht nicht eure kranken Glieder
in Holz nach, um sie an den Strassenkreuzungen oder an den
Bäumen aufzuhängen in der Hoffnung, dass sie genesen
werden [...]» heisst es in dessen Predigten. Graf Eberhard, der

erblindet war und seinen einzigen Sohn verloren hatte, über-
trug seine Güter in rund vierzig elsässischen Orten, von der
Burgunder Pforte bis zum Hagenauer Forst, auf das neue
Kloster, das durch weitere Schenkungen im 8. und 9. Jahrhundert zur mächtigsten aller Reichsabteien wurde. Sie ge-
langte zu Besitztümern in den Bistümern Strassburg und
Basel, im heutigen Baden und im 9. Jahrhundert sogar im
schweizerischen Luzern. Murbach wurde unter das Patronat
des heiligen Leodegar gestellt, des Märtyrerbischofs von Autun,

Statue des Bischofs
Pirmin von Reichenau
am Kreuzweg zur Loreto-
Kapelle

einem Verwandten der elsässischen Herzöge, von dem eine Reliquie – ein Teil seines Haupts – in die Abtei gebracht wurde. Graf Eberhard verstarb 747 in Murbach, im südlichen Querschiff befindet sich eine Skulptur von ihm aus dem 13. Jahrhundert.

Unter Kaiser Karl dem Grossen wurden die Klöster zu eigentlichen Universitäten; dies galt besonders für Murbach, wo viele Kleriker ausgebildet und unzählige Manuskripte geschrieben

wurden – theologische, aber auch literarische und historische Werke. Hier entstanden bereits im 9. Jahrhundert erste alemannisch abgefasste Schriften, wie beispielsweise die Übersetzung der in den Gottesdiensten gesungenen lateinischen Hymnen. So wurde die Murbacher Bibliothek zu einer der bedeutendsten am Oberrhein.

Das Kloster wurde zu einem Stützpunkt der Karolingischen Könige, seine Äbte waren Fürstäbte des Heiligen Römischen Reichs Deutscher Nation, und selbst Karl der Grosse ernannte sich 782 und 783 zum weltlichen Abt von Murbach. Im Jahre 936 überfielen und zerstörten Ungarn das Kloster, und sieben Mönche wurden ermordet; ihr Grabmal findet man heute in der Kirche.

Zwanzig Jahre lang blieb das Kloster ohne Abt, doch dann belebte es sich neu, wurde in die Ordensgemeinschaft von Cluny aufgenommen und entwickelte sich erneut zu einer Feudalmacht. Im 16. Jahrhundert war es ein Stützpunkt der Habsburger, bis es unter französische Herrschaft kam. Doch die religiöse Basis zerbrach, im 18. Jahrhundert verliessen die Mönche das Kapitel, gaben die Benediktiner-Regeln auf und liessen sich als Chorherren des ‹Ritterstifts von Murbach› nieder. Sie errichteten eine Herrenresidenz mit der Liebfrauenkirche und liessen ihr Ursprungskloster verfallen. Die Französische Revolution beendete endgültig ihre weltliche und kirchliche Macht, als im Juli 1789 die aufrührerischen Bauern aus dem St. Amarin-Tal kamen, um das fürstäbtliche Schloss zu plündern.

Wer Murbach besuchen will, sollte dies am frühen Morgen oder über Mittag tun, wenn man dort ungestört verweilen kann. Es lohnt sich auch, den kleinen, romantischen Kreuzweg im Wald, keine hundert Meter in Richtung Dorf von der Kirche entfernt, unter die Füsse zu nehmen, wo von Moos überwachsene Steinskulpturen aus dem 19. Jahrhundert von der Passion Jesu erzählen. Auf der Anhöhe gelangt man zur kleinen, kürzlich renovierten Loreto-Kapelle, die 1693 von den Benediktinern erbaut worden ist.

Auf der Rückfahrt durch Guebwiller sollte man nicht versäumen, die spätromanische Kirche St. Leodegar (Saint-Léger) in der Oberstadt aufzusuchen, die ebenfalls von der Murbacher Abtei gegründet wurde. Letztere hat auch die Dominikaner nach Guebwiller gerufen, die sich in der Unterstadt niederliessen und dort von 1294 bis 1791 residierten. ‹Les Dominicains›, so heisst der stimmungsvolle Ort mit Kirche, Kloster und wundervollem Kreuzgang, ist heute ein Kulturzentrum, in dem Konzerte und Festivals stattfinden, von Klassik bis Jazz.

Die rätselhafte Heidenmauer am Odilienberg

ODILIENBERG

ANFAHRT
per PKW ab Barr auf der
D 854 oder ab Ottrott auf
der D 109 bis zum Kloster
(Parkplatz); eingeschränk-
ter Busverkehr ab
Strassburg

WEG
ab Bahnhof Barr ca.
1¹/₂ Std. zu Fuss bergauf

HINWEIS
Übernachtung möglich in
der Hostellerie du Mont
Sainte-Odile,
Tel. +33 (0)388 95 80 53
Fax +33 (0)388 95 82 96

Rund eine Million Menschen pilgern jährlich auf den Mont Sainte-Odile, den heiligen Berg des Elsasses an der Weinstrasse bei Barr. Viele erbitten an der Grabstätte der heiligen Odilia Beistand in schwierigen Lebenssituationen; andere kommen als Ausflügler, geniessen die herrliche Aussicht, die bei klarem Wetter bis zum Strassburger Münster reicht. Die ganze Anlage steht auf einem Felsvorsprung auf 670 Metern Höhe. Vom Platz vor der Klosterkirche führt ein kurzer, mit einem Wegweiser bezeichneter Abstieg zum Odilienbrunnen.

Die Heilige selbst soll mit einem Schlag auf den Stein eine Quelle ausgelöst und einem Bettler mit dem Wasser das Augenlicht wiedergegeben haben. Die Quelle stellt ein Rätsel dar, da es sie nach den geologischen Gegebenheiten gar nicht geben dürfte. Noch heute benetzen Kranke hier ihre Augen in der Hoffnung auf Heilung.

Auch die Lebensgeschichte der heiligen Odilia, die nach der Legende um das Jahr 660 in Oberehnheim (dem heutigen Obernai) zur Welt kam, ist voller Geheimnisse und Legenden. Entsetzt nahm ihr Vater Adalrich, auch Herzog Eticho genannt, nach der Geburt des Kindes zur Kenntnis, dass es ‹bloss› ein Mädchen und dazu noch blind war. Er befahl seiner Frau Bereswinda, einer Merowinger-Prinzessin, das Kind zu töten. Sie jedoch brachte es nach Balma (vermutlich Baume-les-Dames) zur Äbtissin des dortigen Klosters, wo Odilia bei der

Heilkraft bei Augenleiden wird der Odilienquelle nachgesagt

Taufe das Augenlicht gewann und später eine hohe Ausbildung erhielt. Als ihr Bruder die Rückkehr ins Elternhaus auf dem ‹Altitona› oder ‹Hohenburg› genannten Berg ermöglichte, tötete Adalrich in einem Anfall von Jähzorn seinen Sohn und sperrte Odilia in sein Schloss ein – worauf er selbst spurlos verschwand. Zahlreiche Legenden ranken sich um die Geschehnisse – historisch gesichert ist, dass Odilia das von Frauen und Männern bewohnte Kloster Hohenburg (heute Odilien-

berg) ab dem Jahr 680 nach irisch-fränkischer Tradition als Äbtissin leitete.

Von Odilia werden viele Wundergeschichten berichtet. So soll sie unter anderem eine wunderbare Weinvermehrung vollbracht haben – sie ist noch heute die Patronin der Winzer. An ihrem Brunnen wurden Menschen von körperlicher und geistiger Blindheit geheilt. Um den Kranken den mühsamen Aufstieg auf den Berg zu ersparen, gründete sie um 700 das Kloster Niedermünster am Fusse des Berges, von dem nur noch

Papst Leo IX. und Odilias Nichte, die Äbtissin Eugenia, in der Tränenkapelle

Trümmer vorhanden sind. Später baute sie auf dem Gipfel, beim Kloster Hohenburg, eine Kapelle zu Ehren Johannes des Täufers, wo sie zurückgezogen lebte und nach ihrem Tod begraben wurde. Heute ist der Sarkophag in der Johanneskapelle, dem Nebengebäude der Odilienberg-Klosterkirche und romanischen ‹Herz› der Anlage, der grosse Anziehungspunkt für Pilger. Odilia gilt als Lichtbringerin und wird deshalb wie die heilige Luzia am 13. Dezember gefeiert. Immer wieder hat man

sie als Heilige mit dem Buch der Weisheit dargestellt, auf dem sie zwei Augäpfel trägt, oder sogar mit einem dritten Auge auf einem Kelch, wie beispielsweise in einem Standbild im Arlesheimer Dom.

Überreste aus dem Kloster, das im Laufe der Zeit mehrfach zerstört wurde, gibt es nur wenige: den Sarkophag in der Johanneskapelle, die auch ‹Odilienkapelle› genannt wird, die romanische Kreuzkapelle mit kunstvoll verzierter Mittelsäule und den ‹Tränenstein Odilias›, den rohen Becherfelsen, der sich

Romanische Symbolik in der Kreuzkapelle

in der Tränenkapelle am Boden unter einem Gitter verbirgt – vermutlich ein Heiligtum aus vorchristlicher Zeit. Der Ort muss schon lange vor dem Christentum Menschen magisch angezogen haben. Wer vom Kloster aus die Umgebung erforscht, stösst im Wald immer wieder auf Überreste eines imposanten, rätselvollen Bauwerks: die ‹Heidenmauer›. Auf einer Länge von zehn Kilometern umschliesst sie ein Gebiet von 120 Hektar; ein Führer mit Plan ist im Klosterladen erhältlich. Am ‹Wunderpfad› im Norden des Klosters überragen wie Menhire anmutende, rote Sandsteinfelsen den Weg. Besonders viele Beckensteine findet man weiter nördlich, auf dem ‹Feen- oder Hexenplatz› am Elsberg. Beim Mauerrundgang auf der Südseite des Klosters kommt man beim südöstlichen Eck- punkt am ‹Männelstein› vorbei, wo die Statue einer römischen Gottheit gefunden wurde und schliesslich stösst man auf der Westseite auf die an einen Dolmen erinnernde ‹Druidengrotte›.

Rund um die Anhöhen legt sich ein Kranz von mittelalterlichen Burgen. Von der ‹Landsberg› stammte die berühmte Äbtissin Herrade von Landsberg, die im 12. Jahrhundert den ‹Hortus deliciarum›, eine theologisch-philosophische Enzyklopädie schuf. Diese gilt als die schönste Handschrift des elsässischen Mittelalters. Bisher sind nur wenige archäologische Funde auf dem Areal gemacht worden. Im Odilienstift sind römische und keltische Münzen ausgestellt, ein Krug und Werkzeuge aus der Jungsteinzeit (4300–3000 v. Chr.) sowie Funde aus der Bronze- zeit.

Von der ‹Heidenmauer› berichtete als erster im 11. Jahrhundert Papst Leo IX., Bruno von Eguisheim, als Schirmherr des Odilienklosters. Die ersten Forschungen begannen am Ende des 16. Jahrhunderts. Der auf Festungsanlagen spezialisierte Architekt Specklin deutete die Mauer als römische und kelti- sche Befestigung. Bis zum Beginn des 20. Jahrhunderts speku- lierten verschiedene Forscher über Ursprung und Zweck des

Walls, hinter dem sie wechselweise eine Festungsanlage oder die Umfriedung eines heiligen Hains vermuteten. Während der deutschen Besatzung im Zweiten Weltkrieg war zudem ein Berliner Archäologe damit beauftragt, nach germanischen Ursprüngen zu suchen, ergebnislos. Bis heute sind die Meinungen über Zweck und Datierung der Mauer kontrovers – es fehlt an konkreten Beweisen, noch immer wird weitergeforscht. Sicher ist, dass eine Verteidigung des zehn Kilometer langen Walls tau-

sende von Soldaten erfordert hätte und wegen der spärlichen Wasserquellen ein Überleben auf dem Territorium bei längerer Belagerung undenkbar gewesen wäre. Spuren einer Besiedlung oder von Waffen sind bis jetzt nur vereinzelt gefunden worden. Der Berg schweigt sich beharrlich aus.

Noch immer ist es ein Rätsel, wie das gigantische Bauwerk errichtet werden konnte. Spuren deuten darauf hin, dass die Mauer bis in die Römerzeit mehrfach restauriert worden ist. Für den Bau mussten rund 300 000 jeweils über 100 Kilogramm

Brunnen bei der
Odilienquelle

schwere Steinblöcke hergerichtet, transportiert und aufge-
schichtet werden. Das Baumaterial fand sich am Ort, einem
Plateau aus Buntsandstein, dadurch war das Transportproblem
verhältnismässig gering. Zahlreiche Steinbrüche sind noch
heute entlang der Mauer zu entdecken, lange Zeit deutete man
sie als kultische Stätten. Es war das Verdienst des Forschers
Robert Forrer, der Ende des 19. Jahrhunderts aufklärte, dass,
sobald die Distanz zum Arbeitsort ein gewisses Mass über-

schritt, stets ein neuer, näher gelegener Steinbruch angelegt
wurde.

Wie wurden die Blöcke aus dem Fels geschnitten? Werkzeuge
hat man bis heute nicht gefunden. Auf dem Felsvorsprung
‹Saint-Nicolas› sind die Arbeitsvorgänge jedoch noch heute
deutlich sichtbar: Tiefe Rillen auf der Oberfläche markieren
die abzutrennenden Steinblöcke, eine Mulde befindet sich
neben diesen Rillen. Auf der Vorderseite vieler Felsen sind in
horizontaler Linie rund 20 Zentimeter lange Öffnungen zu

Zehn Kilometer lang
war die heute zum Teil
verfallene Heidenmauer

sehen, in die vermutlich Eichenkeile geschoben wurden. Durch andauernde Befeuchtung des Holzes, möglicherweise durch Rinnen von den mit Wasser gefüllten Steinmulden aus, dehnten sich die Keile derart, dass sie eine Spaltung des vorbereiteten Felsblocks bewirkten. Der Länge und Breite nach sind die Steinblöcke mit schwalbenschwanzförmigen Zapfenlöchern versehen. Passende Eichenhölzer haben die Steine miteinander verbunden. Es ist aber kaum anzunehmen, dass damit die Statik der tonnenschweren Mauer massgeblich beeinflusst werden konnte. Der Forscher Francis Mantz vermutet, dass die Zapfenverbindungen zur Hilfe beim Aufschichten der Blöcke dienten, während das Autorenpaar Michel und Nathalie Vogt glaubt, dass sie die Kontinuität eines Energieflusses entlang der Mauer gewährleisten sollten. Gemäss ihren Angaben haben Radiästhesisten (Wünschelrutengänger) mittels Erdstrahlen-Messungen eine solche unsichtbare Barriere entlang der Mauer bestätigt. So ist die ‹Heidenmauer› ein Beispiel für überdimensionale Kultstätten aus der Megalithkultur der Jungsteinzeit, die auf der ganzen Welt davon zeugen, wie der Glaube den Erbauern unerklärliche physische Kräfte verlieh.

Das Kloster und sein Goldschatz

OELENBERG,
REININGUE

ANFAHRT
Bus ab Mulhouse bis
Reiningue (eingeschränk-
te Verkehrszeiten)

ÖFFNUNGSZEITEN
Klosterkirche tagsüber,
Kirche Reiningue nur
zu Gottesdiensten
(Führungen
Tel. +33 (0)389 81 91 58,
R. Husser)

HINWEIS
das Kloster Oelenberg
bietet mehrtägige
Aufenthalte an,
Kontakt: Oelenberg
Couvent,
Tel. +33 (0)389 81 91 23
Fax +33 (0)389 81 86 07

Mehl aus der eigenen
Mühle im Klosterladen
von Oelenberg

An einem unscheinbaren Ort, in Reiningue südwestlich von Mulhouse, befindet sich der kostbare Kirchenschatz des nahen Klosters Oelenberg, der zu den nationalen Kunstdenkmälern Frankreichs gehört. Er ist in der Dorfkirche zugänglich, in Panzerglas-Vitrinen sicher verwahrt. Die Kirche, die nach dem Ersten Weltkrieg neu erbaut werden musste, kam 1944 erneut zu Schaden und wurde 1953 restauriert. Nichts weist von aussen darauf hin, welche Preziosen hier aufbewahrt werden. Im Innern findet man eine Büste des heiligen Laurentius aus vergoldetem Holz, in deren Sockel Asche enthalten ist, die von seinem Martyrium stammen soll: Am 10. August 258 wurde Laurentius auf Befehl von Kaiser Valerian auf einem Rost verbrannt.

Mit Staunen begegnet man aber auch einem gotischen Büstenreliquiar aus dem 15. Jahrhundert. Durch eine verglaste Öffnung in der Brust fällt der Blick auf die Reliquie: Die Hirnschale des Heiligen. In das Gewand ist ein feines Muster eingraviert, welches Damast darstellt, ein kostbares Gewebe also, das auf eine hohe kirchliche Stellung des Trägers schliessen lässt. Laurentius war tatsächlich Diakon; trotzdem gibt es Theorien, dass es sich um Romanus handeln könnte, den römischen Soldaten und Peiniger von Laurentius, der sich durch ihn zum Christentum bekehren liess und einen Tag vor Laurentius Tod, am 9. August 285, enthauptet wurde. Jedenfalls ist Reiningue die einzige Gemeinde im Elsass, deren Kirche Romanus geweiht ist, während es unzählige Laurentiuskirchen gibt. Die Reliquien spendete der Elsässer Papst Leo IX. im 11. Jahrhundert dem benachbarten Kloster Oelenberg; nach der Französischen Revolution und der Aufhebung des Konvents gelangten sie hierher.

Auch der grosse, silbervergoldete Schrein aus dem 12. Jahrhundert, der ebenfalls in der Kirche von Reiningue zu sehen ist, enthielt Reliquien, unter anderem die von Laurentius und

Romanus. Einer der darauf dargestellten Apostel wurde im Jahre 1510 durch den heiligen Laurentius ersetzt, und auf den Seitenteilen ist die Bekehrung des Soldaten Romanus durch Laurentius und dessen Martyrium zu sehen. Ein etwas kleinerer, wundervoller Silberschrein, ebenfalls aus dem 12. Jahrhundert, ist keinem bestimmten Heiligen zugeordnet.

Von der Wallfahrt früherer Zeiten zeugt neben der Kirche der alte, versiegte Brunnen. Am ersten Sonntag im August gibt es im Dorf einen Jahrmarkt, die ‹Foire Saint-Laurent›. Als die

Der Reliquienschrein wurde einst von Algodus, Abt des Klosters Oelenberg, in Auftrag gegeben

Wallfahrt hier noch blühte und man aus dem ‹Romanus-Brunnen› heiliges Wasser holte, hatte dieser Anlass grossen Zulauf.

Reiningue war im frühen Mittelalter ein fränkischer Ort, den die Grafen von Eguisheim dem Kloster Hohenburg auf dem Odilienberg unterordneten (siehe S. 129 ff.). Im Jahre 1046 gründete Helwige de Dabo, Gattin von Hugo IV. Graf von Eguisheim, das Kloster Oelenberg, und ihr Sohn Bruno, der

erwähnte Papst Leo IX., unterstellte es direkt dem Heiligen Stuhl. Das Kloster, das auf einer Anhöhe westlich von Reiningue liegt, ist auch heute noch mit religiösem Leben erfüllt. Sein Name stammt aus dem Keltischen und bedeutet ‹barrage sur l'eau› – möglicherweise gab es hier schon in vorchristlicher Zeit ein Heiligtum. Das riesige Anwesen – das letzte Männerkloster, das im Elsass diese monastische Tradition weiterführt – beherbergt noch vierzehn Mönche, die als Trappisten zu dem von Bernard de Clairvaux gegründeten Zisterzienserorden gehö-

Ob das Büstenreliquiar den heiligen Laurentius oder Romanus darstellt, ist nicht eindeutig

ren. Nach einer wechselvollen Geschichte wurde der Konvent 1626 den Jesuiten von Freiburg im Breisgau anvertraut. Unter ihrem Einfluss entwickelte er sich zu einem grossen, weit über die Region ausstrahlenden religiösen, geistigen und künstlerischen Zentrum, bis der Orden in Frankreich 1773 aufgehoben wurde. Während der Französischen Revolution wurde das ganze Anwesen als ‹bien national› versteigert. Der Käufer, Abbé Spannagel, richtete ein Mädchenpensionat ein und veräusserte

das Kloster später an Pierre Klausener, den damaligen Prior der Trappisten in Darfeld (Westfalen), wo der Orden während der Französischen Revolution Unterschlupf gefunden hatte. Die Trappisten sind Zisterzienser, deren Reform im 17. Jahrhundert im Kloster La Trappe in der Normandie begonnen hatte. Ihr Ziel war eine Erneuerung der ursprünglichen Lebensweise im Gründungskloster Citeaux, das heisst: strenge Ordensregeln mit stetem Stillschweigen, täglicher Arbeit in Landwirtschaft und Industrie sowie vegetarischer Kost.

Leben im Kloster bedeutet Tagwache um 3.30 Uhr. Die Mönche von Oelenberg haben in ihrem grossen Klostergarten schon vor Jahren den biologischen Anbau eingeführt, betreiben eine Kornmühle und haben einen grossen Laden eingerichtet, in dem sie ihre kulinarischen Elsässer Spezialitäten wie auch Produkte aus unzähligen anderen Klöstern anbieten. Wer für kurze Zeit aus der Hektik des Alltags aussteigen möchte, findet im Kloster Unterkunft. Der Ort wird aber auch von vielen

Menschen aufgesucht, die Hilfe und Beistand brauchen. Oelenberg wirkt wie eine stille Insel im Trubel der Zeit – ein ungewöhnlicher Ort der Tiefe, der in den Gedanken Spuren hinterlässt.

Das Martinskirchlein im Feld

OLTINGUE

ANFAHRT
Bus ab Bahnhof Saint-
Louis oder Mulhouse
(eingeschränkte Verkehrs-
zeiten) bis Oltingue

WEG
die Eglise
Saint-Martin-des-Champs
liegt 5 Gehminuten vom
Dorfzentrum entfernt

ÖFFNUNGSZEITEN
tagsüber

HINWEIS
Museé Paysan d'Oltingue
geöffnet 1.3. bis 14.6.:
So 14–17 Uhr;
15.6. bis 30.9.:
Di, Do, Sa 15–18 Uhr,
So 11–12 Uhr und
15–18 Uhr;
1.10. bis 31.12.
14–17 Uhr,
am 3. und 4. Advent ge-
schlossen;
Tel. +33 (0)389 40 79 24

‹Saint-Martin-des-Champs›, der Name sagt es: das Kirchlein steht draussen im Feld, einen halben Kilometer südwestlich vom Dorfzentrum Oltingue entfernt am Fuss des Spielbergs. Einer alten Sage nach soll hier einst eine Stadt gewesen sein, und ein Körnchen Wahrheit liegt solchen Erzählungen oft zugrunde. Tatsächlich handelt es sich bei dem spätgotischen, dem heiligen Martin geweihten Gotteshaus, das heute vor allem als Abdankungskapelle des zugehörigen Friedhofs dient, um die aus merowingischer oder frühkarolingischer Zeit stammende Mutterkirche der umliegenden Orte Oltingue, Fislis, Huttingue und Lutter. Möglicherweise steht sie auf dem Boden eines früheren, vorchristlichen Heiligtums. In der Nähe hat man viel Steinwerkzeug aus prähistorischer Zeit gefunden, aber auch römische Tonwaren, Ziegel und behauene Steine. Auf dem Oltinger Berg weisen Terrassen, Steinwälle sowie Überreste von Wohngruben auf eine verschollene, gallo-römische Burg hin. Bis ins 18. Jahrhundert hinein wird von Wohnhäusern an dieser Stelle berichtet, die dann möglicherweise während der Französischen Revolution verschwunden sind.

Bei Grabungen hat man 1989 unter dem Fussboden des Kirchenschiffs mehrere übereinander liegende Gräber und Sarkophage aus dem 7. bis 8. Jahrhundert entdeckt, von denen ein Teil jetzt frei sichtbar ist; vielleicht liegt hier der Gründer der Kirche begraben. Eine Gürtelschnalle aus Eisen ist zum

Vorschein gekommen und eine Münze von Karl dem Kahlen, die um 840 in Strassburg geprägt wurde. Unter dem Verputz der Mauern im Chor stiess man ausserdem auf Spuren alter Fresken, ein ganzer Zyklus mit Malereien von hoher Qualität aus der zweiten Hälfte des 14. Jahrhunderts, der aber nur noch zum Teil erkennbar ist. An der Nordwand sieht der Besucher oben den heiligen Georg im Kampf mit dem Drachen, darunter Adam und Eva mit der Schlange, verschiedene, nicht mehr

identifizierbare Heiligengestalten und in der Fensternische die heilige Katharina mit dem Rad und einem Schwert in der linken Hand. Bei Untersuchungen hat man in diesem zugemauerten Fenster übrigens eine Holzstatue des heiligen Jakob von Compostela gefunden. Besonders beeindruckend ist an der westlichen Chorwand die Darstellung von Jesus beim Abstieg ins Fegefeuer, umgeben von grotesken Dämonenköpfen, und an der Südwand eine Auferstehungsszene mit einem lieblichen Engel.

Wie alle Martinskirchen im Sundgau befindet sich auch Saint-Martin-des-Champs am Rande einer alten Römerstrasse, die über die Anhöhe von Bettlach führte und wohl noch aus keltischer Zeit datiert. Beim Spaziergang zurück ins Dorf wandert man über das Feld, in dem sich die sagenhaften ‹Glockenlöcher› befinden, in die Soldaten der Überlieferung zufolge im Dreissigjährigen Krieg die Glocken versenkten, damit nicht Alarm geschlagen werden konnte. Besonders Hellhörige sollen deren Klang noch heute in stillen Nächten vernehmen.

Quelle, Kapelle und Gastlichkeit

SAINT-BRICE

ANFAHRT
Tram ab Basel bis
Haltestelle Rodersdorf;
per PKW auf der D 9b
ab Oltingue oder
Liebenswiller

WEG
ab Haltestelle Rodersdorf
an der Kirche vorbei, weiter durch die Grossbühl-
strasse und die Mühle-
strasse bis ans Dorfende,
dann Waldweg bis Saint-
Brice (1 Std.)

ÖFFNUNGSZEITEN
Auberge und Kirche im
Sommer Di–Sa 11–21 Uhr
und So (auch an Oster-
und Pfingstmontag)
11–19 Uhr;
im Winter Di–So
11–18 Uhr;
15.12. bis 15.1. geschlossen

HINWEIS
Parkplätze vorhanden

Der Aussenaltar von
Saint-Brice wird am
Pfingstmontag geöffnet

Dieses wundervolle Plätzchen mit Kapelle und ehemaligem Bruderhaus in einer stillen Waldlichtung zwischen Oltingue und Liebenswiller ist ein Wallfahrtsort besonderer Art. Wer hierher kommt – von der Tramstation in Rodersdorf dauert der Spaziergang in nordwestlicher Richtung rund eine Stunde – wird nicht nur Ruhe und Besinnung, sondern im Sommerhalbjahr an den meisten Tagen auch freundliche Bewirtung finden. Der Weisswein liegt jedenfalls im kühlen Brunnentrog bereit.

Einmal im Jahr, am Pfingstmontag, wird die Kapelle mit ihrem zierlichen Barockaltar, auf dem St. Bricius zwischen St. Antonius («Söitöni») und St. Wendelin zu sehen ist, zum religiösen Mittelpunkt der Umgebung. Der Aussenaltar, eine grosse Besonderheit, wird für die Messe im Freien geöffnet, die um zehn Uhr beginnt. Wenn Petrus es will, erhellt die wärmende Morgensonne das kleine Heiligtum, während auf der Wiese friedlich ein paar Ponys grasen. Das Publikum ist bunt gemischt: Kirchgänger aus den umliegenden Dörfern, Spaziergänger, die zum Frühstück hierher gekommen sind, oder Fahrradfahrer, die eine Pause einlegen. Eine friedliche Gemeinschaft, die St. Bricius die Ehre erweist.

Eigentlich ist St. Bricius ein umstrittener Heiliger, aber vielleicht ist er gerade deshalb bei der ländlichen Bevölkerung im Sundgau so populär. Er war als Bischof Nachfolger des heiligen Martin von Tours und wurde beschuldigt, mit seiner Wäscherin ein Kind gezeugt zu haben. Trotz eines Gottesurteils – er trug glühende Kohlen im Mantelzipfel zum Grab des heiligen Martin, wobei sein Gewand unversehrt blieb – wurde er seiner Bischofswürde enthoben und suchte für sieben Jahre büssend Zuflucht beim Papst. Um 444 starb er in Tours.

Um Saint-Brice gibt es eine Reihe von Legenden, die schriftlichen Quellen sind jedoch dürftig. 1285 ist von der Kapelle in einer Schenkungsurkunde an das Stift St. Peter in Basel die

Rede, 1412 wird erwähnt, dass ein Teil des Zehntens der Pfarrkirche von Oltingue für den Unterhalt des Gotteshauses bestimmt ist, und 1592 wird die Kapelle als Ziel für Pfingstdienstags-Wallfahrten aller umliegenden Gemeinden erwähnt. Noch im 17. und 18. Jahrhundert ist für Rodersdorf eine Prozession zum St. Bricius nach dem morgendlichen Gottesdienst am Pfingstmontag und auch an Philipp und Jakobi (dem 1. Mai) bezeugt. Bis 1773 fand am Pfingstdienstag auch ein Markt statt. Saint-Brice wurde vor allem bei körperlichen

Leiden aufgesucht. Unzählige Votivgaben, meist aus Blech, etwa Arme, Beine, schwangere Frauengestalten und Kröten als Symbole der Gebärmutter, hat man 1910 auf dem Dachboden der Kapelle gefunden. Sie befinden sich heute im archäologischen Museum von Strassburg. St. Bricius sind im Sundgau übrigens noch zwei weitere Kapellen geweiht: eine in Hausgauen und eine in Illfurth beim Britzgyberg, einem bedeutenden keltischen Ausgrabungsort.

Grabungen an der Ostseite der Kapelle haben vier Gräber zum Vorschein gebracht, die in die Zeit zwischen 900 und 980 datiert werden. Auch lag Saint-Brice früher an einer Römerstrasse, die auf der Anhöhe nordwestlich des Leimentals von Allschwil bis nach Oltingue führte, wo sie in die grosse Hauptverbindung von Kembs nach Besançon mündete. Vielleicht war der Ort schon damals eine Kultstätte und die heute noch den Brunnen von Saint-Brice speisende Quelle eine Station, an der man sich laben konnte.

Saint-Gangolph und der Kuckucksmarkt

SCHWEIGHOUSE

ANFAHRT
Bus ab Mulhouse (einge-
schränkte Verkehrszeiten);
per PKW von Guebwiller
nach Schweighouse,
1 km bis Saint-Gangolph,
am Ortseingang 500 m bis
zur Kapelle weiterfahren

ÖFFNUNGSZEITEN
die Kapelle ist abge-
schlossen, Schlüssel im
Gasthaus nebenan

Der Ginster blüht in den Vogesen in leuchtendem Gelb, wenn am zweiten Sonntag im Mai in der Chapelle Saint-Gangolph der Tag des Heiligen gefeiert wird. Die ihm geweihte Kapelle liegt, an zauberhaftem Ort, am nördlichen Ende von Schweighouse am Eingang des Tals, das zum Col du Banstein führt. Ins Auge fällt der Brunnen, auf dem Gangolph mit Rüstung und Schwert posiert; er wird nicht zuletzt als Schutzheiliger von Quellen verehrt, aber auch als Helfer bei Eheproblemen. Nach der Legende war er ein Edelmann am merowingischen Königshof im Burgund bei Pippin dem Jüngeren im 8. Jahrhundert. Nach der Rückkehr von einem Feldzug soll er seine Gemahlin des Ehebruchs mit einem Priester überführt haben. Das Gottesgericht, bei dem der Frau der Arm verbrannt sei, als sie ihn in einen Brunnen hielt, soll ihre Schuld nachgewiesen haben. Gangolph soll daraufhin den Ort verlassen und sich nach Avalon in religiöse Stille zurückgezogen haben.

Seine Frau brachte in der Folge ihren Liebhaber dazu, Gangolph mit dem Schwert zu töten, als Todestag wird der 11. Mai 760 angenommen. In der Kathedrale Saint-Pierre von Varennes, die er reich beschenkt hatte, wurde er bestattet, während sein Mörder wenig später einen grausamen Tod erlitt und die Gemahlin von einer unheilbaren Krankheit dahingerafft wurde, wie es in alten Geschichten heisst. Bereits am Ende des 9. Jahrhunderts wird Gangolph als Heiliger verehrt, unzählige

Gangolph-Legende
auf Fresken in der
Kapelle von
Schweighouse

Legenden werden über ihn verbreitet, und vielfach spielen darin Quellen und Brunnen eine wichtige Rolle. So soll er im Florival, im Tal von Guebwiller, seinen Stock in eine Wiese gestellt haben, worauf dort eine Quelle entsprang; eine andere Überlieferung verlegt sogar das besagte Gottesgericht in die Nähe von Schweighouse. Viele Wunder sollen an seinem Grab geschehen sein, und so verehrte man den Heiligen, von Varennes ausgehend, bis an den Genfersee, wo

ein Dorf seinen Namen trägt (St. Gingolph), aber auch bis zur Nordsee. Im Florival mit den bedeutenden Klöstern Murbach (siehe S. 123 ff.) und Lautenbach begann seine Verehrung bereits im 10. Jahrhundert. Man sagt, die Kapelle von Schweighouse sei bei der von ihm erweckten Quelle errichtet worden und 1444 den Armagnaken zum Opfer gefallen. Der jetzige Bau stammt aus dem 15. Jahrhundert und enthält Fresken aus der Zeit von Martin Schongauer, die das Leben des Heiligen darstellen.

‹Gluttris›,
Wasserpfeifchen aus
Elsässer Keramik

Nach der Französischen Revolution, welche die Kapelle unbeschadet überstand, erlebte die Wallfahrt zu Saint-Gangolph wieder einen grossen Aufschwung. Seit jeher galt der Heilige als Schutzpatron einer glücklichen Ehe und als Quellenheiliger; am Gangolphs-Tag wurde nicht nur Messe gelesen, sondern auch der Kuckucksmarkt abgehalten. Dies ist auch heute noch so, wenn nach dem Gottesdienst, der bei schönem Wetter im Freien abgehalten wird (am 1. oder 2. Sonntag im

Mai), Kuckuckspfeifchen und ‹Gluttris›, das sind Wasserpfeifen aus Ton, verkauft werden, als Symbole für die von Gangolph erlittene Treulosigkeit, aber wohl auch für das Leben spendende Wasser und den Frühling im Wald.

Der Taufbrunnen bei der Apollonia-Kapelle

STEINBRUNN-
LE-BAS

ANFAHRT
Bus ab Mulhouse (einge-
schränkte Verkehrszeiten)
WEG
vom Dorfzentrum 500 m in
Richtung Bruebach, nach
der Brücke links auf den
Feldweg, nach 200 m
(zweimal links halten) liegt
die Kapelle links hinter den
Tannen
ÖFFNUNGSZEITEN
nur zu Gottesdiensten

Wie verzaubert steht man auf dem Vorplatz der kleinen Chapelle Sainte-Apolline, die sich hinter einer Reihe von dunklen Tannen verbirgt, draussen in den Feldern, rund 800 Meter vom nördlichen Dorfende von Steinbrunn-le-Bas in Richtung Bruebach entfernt. Das Gotteshaus besteht aus einem bescheidenen, kürzlich renovierten Bau aus dem 18. Jahrhundert, aber das Geheimnis des Orts liegt gleich daneben, ein paar Steinstufen tiefer. Hier perlt aus dem Kalkgestein klares Quellwasser, das sich in ein uraltes Steinbecken ergiesst. Tatsächlich handelt es sich um ein Quellheiligtum aus den Anfängen der Christianisierung unserer Region, vermutlich haben schon die Römer diesen Leben spendenden Brunnen verehrt. Vor rund 150 Jahren kamen hier bei Ausgrabungen römische Ziegel, Backsteine und Münzen zum Vorschein, Hinweise auf eine Siedlung am Abhang dieses sonnigen Hügels, und 1962 wurden bei den höher gelegenen Weihern weitere Funde, darunter eine Vase in Terra sigillata, gemacht.

‹Uff dem Mittelberg am Taufstein› wird der Platz im Jahre 1534 bezeichnet, und in der Bevölkerung hat sich der Begriff ‹Taufsteinbrunnen› bis heute erhalten. Auch ‹Colmarsbrunnen› hat man den Ort genannt, denn nach der Überlieferung soll hier das Dorf Klein-Colmar gestanden haben, dessen geheime Schätze der nahe Hügel noch heute verborgen halte. Die Herkunft eines weiteren Namens, ‹Kolmannsbrunnen›, wird von einigen Forschern zurückgeführt auf den irischen Wandermönch St. Kolumban, andere bringen ihn mit Sainte Colombe in Verbindung, einer Märtyrerin aus Sens, die unter Kaiser Aurelian um 270 enthauptet wurde. Sie wird im Elsass noch heute verehrt, unter anderem in Hattstatt, Fessenheim, Guevenatten und Franken, und soll Hilfe bei Zahnschmerzen und Magenproblemen bringen.

Das Dorf Steinbrunn-le-Bas findet bereits im 9. Jahrhundert

Erwähnung. Es gehörte zur Vogtei von Landser und wurde vom 12. bis zum 14. Jahrhundert an die Herren von Steinbrunn als Lehen vergeben. Aus dieser Familie stammten beispielsweise Werner, ein Minister des Grafen Ludwig von Pfirt (letzterer starb 1188 auf einem Kreuzzug in Palästina), Albert, Domherr am Basler Münster (1265), Agnès, Äbtissin von Ottmarsheim (1323) sowie Berthold, Abt von Murbach, der um 1250 die Burg Hohrupf errichten liess, um die Verteidigung des Klosters zu sichern, gefolgt vom Bau der Burg Hirtzenstein zehn Jahre spä-

Schon zu Beginn der Christianisierung befand sich bei Steinbrunn-le-Bas ein Quellheiligtum

ter. Das Wasserschloss der Herren Steinbrunn wurde 1635 verwüstet, im selben Jahr wie die Befestigung Landser. Die Witwe des letzten Truchsesses, Marie Françoise von Andlau, errichtete 1695 den imposanten Landsitz, den man am Ausgang des Dorfs in Richtung Rantzwiller auf der rechten Seite erblickt, mit dem Doppelwappen der beiden adeligen Familien von Steinbrunn und von Andlau.

Das Theobaldus-Münster im Feuerschein

THANN

ANFAHRT
Bahn via Mulhouse bis
Thann

ÖFFNUNGSZEITEN
Juni bis September
8–19 Uhr;
Oktober bis Mai 8–12 und
14–17 Uhr; keine Be-
sichtigung während der
Gottesdienste

Ein Ort voller Legenden ist Thann, die kleine Stadt am Eingang des Thurtales. Von weit her sichtbar erinnert der Turm des Theobaldusmünsters daran, dass Thann einstmals ein berühmter Wallfahrtsort gewesen ist. Das imposante Doppelportal an der Westfassade mit seinem üppigen Bilderschmuck aus dem 14. Jahrhundert zeigt in hundertfünfzig Szenen und über fünfhundert Figuren Geschichten aus dem Alten und Neuen Testament. Über dem Portal ist Christus als Weltenrichter dargestellt, und hoch oben, an der Giebelwand, umgeben von zwei Pilgern, St. Theobald, der seine Stadt segnet. Sehenswert ist auch das Chorgestühl aus der Zeit, als sich die Chorherren von St. Amarin in Thann niederliessen, also um 1442. Es wird als das besterhaltene mittelalterliche Ensemble dieser Gattung im Elsass betrachtet und stellt ein Meisterwerk einfallsreicher Bildschnitzkunst dar – hier gibt es unzählige Fratzen, Masken und Fabeltiere zu entdecken. Die Gründung der Stadt und der Beginn der Wallfahrt fällt in das 13. Jahrhundert. Auf dem ältesten noch erhaltenen Siegel von Thann aus dem Jahr 1296 ist eine Tanne abgebildet, und trotz aller politischen Wirren im Lauf der Jahrhunderte hat sich der grüne Baum auf dem Stadtwappen bis heute erhalten. Das ist kein Zufall, steht die Tanne doch im Mittelpunkt der poetischen Geschichte, die sich um die Gründung des Fleckens rankt. Verschiedene Legenden sind überliefert; die älteste stammt aus der Schenkschen Chronik aus dem Jahr 1628.

Prozessionsstatue des
heiligen Theobaldus von
Gubbio, um 1500

Danach soll der Bischof Theobaldus von Gubbio am 16. Mai 1160 im italienischen Umbrien gestorben sein. Sein treuer Diener, der aus den Niederlanden stammte, blieb mittellos zurück und machte sich daran, dem ehemaligen Herrn den Bischofsring vom Daumen abzustreifen. Dabei soll ein Stück des Fingers am Ring hängen geblieben sein, und der Diener versteckte die kostbare Reliquie im Knauf seines Pilgerstabs. Sodann machte er sich auf den Weg in sein Heimatland und

soll am 1. Juli, unterwegs nach Lothringen, in der Gegend des heutigen Thann vorbeigekommen sein. In einem Wald machte er Halt, lehnte seinen Stab an eine Tanne und machte ein Nickerchen. Als er seine Reise fortsetzen wollte, musste er feststellen, dass der Stock im Boden angewachsen war. Selbst mit Hilfe der herbeigerufenen Bewohner des nächsten Dorfes war er nicht mehr loszureissen, doch auf dem Tannenbaum «flammten drey hellglänzende Lichter auf». Von der Engelsburg herab sah der Graf von Pfirt (dem heutigen Ferrette) das

Festumzug am Tag des ‹Tanneverbrenne›

Wunder, eilte herbei und gelobte, hier eine Kapelle erbauen zu lassen. Sogleich löste sich der Stab, und der Diener konnte weiterziehen.

Die Kapelle mit der Reliquie des heiligen Theobald, die hier noch unzählige Wunder bewirkt haben soll, lockte in der Folge immer mehr Pilger und Krämer an, so dass der Wald gerodet werden musste und die Stadt Thann entstand. Anlass für die Gründung der Stadt war aber wohl vor allem eine Wegzollstelle an dieser alten Römerstrasse, die über den Col de Bussang hierher führte.

Die Kapelle wurde später durch eine Kirche ersetzt, die laufend vergrössert wurde, bis im späten 15. Jahrhundert unter der Hand des Basler Baumeisters Remigius Faesch der berühmte gotische Bau des Theobaldusmünsters mit dem fein ziselierten Turm vollendet wurde. In einem Zusammenhang mit der Legende von den drei Lichtern steht auch die jährlich am 30. Juni stattfindende ‹Crémation des trois sapins› in Thann mit ihren drei lodernden Tannen. Das Fest gehört volkskundlich zwar zu den Johannisfeuern, es gibt aber eine interessante Parallele zu der ‹Festa dei Ceri› in Gubbio, dem Sterbeort des heiligen Theobald: Am Vorabend seines Todestages, dem 15. Mai, wird in der umbrischen Stadt ein Fest gefeiert, das für viele der Beteiligten in Trance-ähnliche Zustände übergeht. In rasendem Lauf umkreisen junge Männer in drei Gruppen den Kirchplatz. Auf den Schultern trägt jede Korporation ein Gestell mit ihrem Patron (Theobaldus, Antonius und Georg). Die Heiligenfiguren stehen auf sieben Meter hohen Holztürmen, die man ‹Ceri› (Kerzen) nennt. Nach dem Ritual steigt die ganze Menschenmenge zum Monte Ingino, wo Theobaldus, dem das Fest gewidmet ist, ruht. Eine Verwandtschaft mit dem Fest in Thann ist augenfällig.

Um über die Geschichte mit dem Daumen des heiligen Theobald Klarheit zu schaffen, wurden früh Untersuchungen vorgenommen. Die sterblichen Überreste des Bischofs wurden im Jahre 1593 erstmals überprüft – mit dem Ergebnis, dass der Heilige vollständig erhalten sei und ihm kein Finger fehle. Das Resultat löste grosse Verwirrung aus, und die Legende blieb bestehen. 1864 wurde in Thann eine Untersuchung angestellt, die nachwies, dass es sich bei der Reliquie um ein seitliches Hautstück des Daumens handelte, eine weitere Untersuchung in Gubbio aus dem Jahr 1946 ergab, dass am rechten Daumen

des Heiligen ein wie mit Messer oder Schere sauber abgetrenntes Stück Haut fehlte. Nun nahm man auch die in Thann in einem daumenförmigen Kristallgefäss eingeschlossene Reliquie nochmals unter die Lupe und konnte bestätigen, dass es sich offensichtlich genau um das besagte fehlende Hautstückchen handelte. Wie dem auch sei – ein Körnchen Wahrheit scheint der Legende zugrunde zu liegen.

Alte Tradition ist die ‹Crémation des trois sapins› in jedem Fall, wird sie doch bereits in Dokumenten aus dem 15. und

16. Jahrhundert erwähnt. Die Beziehungen zu Gubbio werden in Thann sehr gepflegt, und eine Delegation aus Italien kommt immer wieder mit eleganten Fahnenschwingern zum ‹Tanneverbrenne›. Es ist bereits Nacht, wenn die Gläubigen am 30. Juni nach der feierlichen Messe aus der Kirche strömen und sich eine Prozession mit Fackeln und der aus dem 16. Jahrhundert stammenden Statue des heiligen Theobald in Bewegung setzt, die auf den Schultern der Sapeurs-Pompiers, der Thanner Feuerwehrmänner, ruht. Vor dem Münster stehen drei Tannen bereit, eingebunden und vollgestopft mit Sägespänen und Petarden. Unter Musik und Trommelklängen werden sie, eine nach der andern, entzündet. Im mächtigen Feuerschein leuchtet die Münsterfassade hell auf, und die Menschenmenge weicht vor der plötzlichen Hitze zurück. Kaum ist vor Mitternacht der letzte Funke verglüht, machen sich Einzelne daran, Holzkohlenreste einzusammeln. Zuhause verwahrt, sollen sie vor Feuersbrünsten schützen. Doch dann donnert und blitzt es vom Münster herab: auf der Balustrade zischt ein Feuerwerk los, das den Zuschauern nur so um die Ohren braust. Könnten sie dabei sein, der heilige Theobald und sein Diener würden sich wohl wundern ...

Notre Dame du Grünenwald

UEBERSTRASS

ANFAHRT
Bus ab Mulhouse bis
Ueberstrass (einge-
schränkte Verkehrszeiten)
WEG
ab Dorfzentrum
(Wegweiser) 500 m bis
zur Kirche
ÖFFNUNGSZEITEN
nur zu Gottesdiensten

Eine schöne Legende rankt sich um das Gnadenbild der kleinen Wallfahrtskapelle unweit von Ueberstrass im Largtal. Von Seppois her kommend führt am Ortseingang von Ueberstrass links eine kleine Strasse hinauf in die Felder zur Kapelle Notre Dame du Grünenwald, vorbei am Restaurant ‹Au Sapin›, wo die Pilger gerne Halt machen. Durch eine prachtvolle Allee gelangt man zur Kapelle. An Werktagen ist es ganz still hier oben, man kann in Ruhe verweilen, das sagenhafte Gnadenbild bewundern und sich beim Aussenaltar unter dem kleinen Lindenhain niederlassen.

Aus dem 15. Jahrhundert stammt die gekrönte Madonna mit dem lebhaften Jesuskind in ihren Armen. Drei Hirtenkinder sollen die Statue damals in der Nähe im Unterholz gefunden haben. Sie übergaben die Skulptur dem Grafen von Friesen, einem Ritter vom Malteserorden. Der fromme Mann sah darin ein Zeichen des Himmels, und so liess er am Fundort «auf den Ruinen eines Heidentempels», wie der Volksmund sagt, eine Kapelle erbauen, um der kostbaren Statue eine würdige Heimstatt zu bieten. 1565 geriet der Kommandeur der Friesener Malteserritter im Krieg gegen die Türken während einer Seeschlacht in Not und rief die Madonna von Grünenwald mit dem Gelübde an, ihre Verehrung zu fördern, sollten er und seine Kampfgefährten überleben. Von der wundersamen Rettung liess er später ein Bild malen, das jedoch in den Wirren der Französischen Revolution verschwand. Auch das Kirchlein, das man 1705 neu aufgebaut hatte, wurde damals verwüstet, während Pfarrer Bochelen das Gnadenbild im schweizerischen Büsserach in Sicherheit brachte. Ihm ist in Illfurth ein Denkmal gewidmet, weil er wegen Ausübung seiner religiösen Tätigkeit verfolgt und 1797 erschossen wurde. Das Gnadenbild hat man später wieder in die renovierte Kapelle zurückgeführt.

Noch einmal, im Ersten Weltkrieg, wurde das Kirchlein zerstört: 1915 lag das Dorf im Kampfgebiet, und man verlegte die

Madonna in das Kloster von Bellemagny. Nach dem Waffenstillstand kam sie in die Pfarrkirche von Friesen, bis sie am Ostermontag 1932 in der neu errichteten Kapelle ihren heutigen Platz fand, hoch über dem Hauptaltar.

Besonders an den Maisonntagen kommen viele Pilger hierher zum Gebet, und eine Reihe von Ex votos an den Wänden zeugen von der Hilfe, die Menschen vom Gnadenbild erhalten haben.

Wallfahrtstage sind vor allem der Ostermontag und der Hagelfeiertag (‹Hagelfyrtig›) am Nachmittag von Christi Himmelfahrt. Auch am Pfingstmontag strömen Scharen von Menschen zur Madonna von Grünenwald. Wenn das Wetter schön ist, wird die Messe unter freiem Himmel gelesen, und auch deutsche Kirchenlieder werden gesungen, während Schwärme von Bienen in den duftenden Lindenbäumen mitsummen.

Unten im Dorf Ueberstrass befinden wir uns auf der wichtigsten Römerstrasse des Gebiets, der Sundgaustrasse, die von Epomanduodurum (Mandeure) nach Cambete (Kembs) führt, quer durch das Sundgauer Hügelland bis an den Rhein. Direkt an der Strasse bei der Kirche fällt eine starke Quelle ins Auge, der ‹Johannesbrunnen›, und auf dem Hügel dahinter steht eine dem Heiligen geweihte Kapelle. Vermutlich war dies eine Taufstelle während der Zeit der Christianisierung des südwestlichen Sundgaus. Die Ruinen des erwähnten, sagenhaften ‹Heidentempels› hat man in Grünenwald nicht nachweisen können, interessanterweise entdeckte man aber in den 1960er Jahren das Fundament eines Rundtempels beim antiken Larga, der einstmaligen Römerstation beim ‹Goldigberg›, in der Nähe von Friesen.

Das Drei-Jungfrauen-Grab in der Waldlichtung

WENTZWILLER

ANFAHRT
Bus ab Carrefour Central
Saint-Louis bis Busch-
willer (eingeschränkte
Verkehrszeiten)

WEG
2 km auf der Strasse bis
Wentzwiller, Wegweiser
zum Jungfrauengrab im
Dorfzentrum

Ein Mal im Jahr wird am
Drei-Jungfrauen-Grab
gefeiert

Im Zentrum von Wentzwiller, einem hübschen Dorf unweit von Folgensbourg, gibt es einen Wegweiser mit der Ortsangabe ‹Aux trois vierges›. Er führt zu der idyllischen Lichtung ‹Im langen Holz› im Wald zwischen Wentzwiller und Hagenthal, wo im Schatten von Buchen die Grabstätten von drei wundertätigen Jungfrauen liegen. Über die Herkunft der Frauen ist nichts Genaues bekannt; laut Überlieferung sollen sie hier in der Einsamkeit fromm gelebt und Gutes getan haben, bevor sie von Unbekannten ermordet wurden. Der von ihrem Blut gerötete Wallbach verriet den Bewohnern von Wentzwiller die Untat, sie bestatteten die drei Frauen mit allen Ehren im Wald, und im Laufe der Zeit entwickelte sich eine Wallfahrt zu diesem Ort. Votivgaben und Bilder, die in alten Schriften beschrieben sind, berichten von Hilfe bei Gehbehinderungen und Zahnschmerzen, aber auch Wöchnerinnen suchten hier Beistand. Eine andere Legende berichtet von drei vornehmen Mädchen, Prinzessinnen aus England, die in den Wald flüchten mussten und dort von einem Räuber ermordet wurden.

Im 19. Jahrhundert wollte der Pfarrer von Wentzwiller mit der Legende aufräumen. Er liess die Gräber unter den Buchen öffnen und fand zu seinem Erstaunen drei Skelette, die er auf den Friedhof überführen liess. Nach der Bestattung begann ein sintflutartiger Regen, der erst aufgehört haben soll, als die drei Eremitinnen wieder an ihrem alten Platz im Wald lagen.

Wentzwiller feiert jeweils im August sein ‹Hailafascht› – ‹Haila›
bedeutet auf elsässisch Eule, was wiederum der Spitzname für
die Einwohner Wentzwillers ist. Bei diesem Brauch spaziert
man gern zu der Waldlichtung hinauf und sitzt am Jungfrauengrab beisammen.

Im Dorf bringt man die drei Jungfrauen aus Wentzwiller auch
mit Einbeth, Wilbeth und Worbeth in Verbindung – Begleite-
rinnen der heiligen Ursula. Sie sollen 451, im Jahre des Hun-

neneinfalls, in Strassburg ihr Leben gelassen haben, wo ihre
Reliquien in der Kirche Saint-Pierre-le-Vieux aufbewahrt werden. Von hier aus hat sich deren Verehrung weiter verbreitet,
wie beispielsweise in die Kapelle Adelwil im Kanton Luzern, die
eine Reliquie aus Strassburg erhielt. Auch in Deutschland und
Österreich wurden die drei Jungfrauen bei ansteckenden
Krankheiten und Geburtswehen angerufen.

Es gibt eine grosse Zahl von Heiligtümern, an denen eine
Frauen-Dreiheit verehrt wird, und man nimmt heute an, dass

diese Dreigestalt auf alte Kultstätten aus der Megalith-Zeit hinweist. Auch die Drei-Frauen-Legende um die Hügel von St. Chrischona, Margaretha und Ottilia bei Basel (siehe S. 15 ff.) steht wohl in einem solchen Kontext. In Altkirch wiederum stand ein Altar der drei Jungfrauen Kunigundis, Mechtundis und Wibrandis, die man seit 1190 auch in Eichsel (siehe S. 189 ff.) verehrt.

Der Silberschrein im St. Fridolinsmünster

BAD SÄCKINGEN

ANFAHRT
DB bis Bad Säckingen
oder SBB bis Stein-
Säckingen
WEG
vom Bahnhof Stein-
Säckingen 20 Gehminuten
über die historische
hölzerne Rheinbrücke
ins Stadtzentrum
ÖFFNUNGSZEITEN
täglich 8–18 Uhr

St. Fridolin erweckt Urso
aus dem Grab

Von weit her sind die hellen Türme des Münsters St. Fridolin von Bad Säckingen zu sehen; der gewaltige, im 17. und 18. Jahrhundert im Barockstil erneuerte Kirchenbau erinnert an die Grösse und Bedeutung des einstigen Stiftes, das zur Gründung der Stadt geführt hat. Vom ursprünglichen Bau sind nur noch wenige romanische Bauteile erhalten geblieben: der Hochchor und die karolingische Umgangskrypta, die jedoch nicht öffentlich zugänglich ist. Es war Fridolin, der in der Nachfolge des Kirchenlehrers Hilarius von Poitiers im 6. oder 7. Jahrhundert hier auf der damaligen Rheininsel ein Kloster gründete, die älteste Klostergründung im alemannischen Raum. Er legte damit den Grundstein zur Christianisierung der Alemannen.

Die Geschichte des ‹Apostels Alemanniens› hat erstmals der Säckinger Mönch Balther im 10. Jahrhundert aufgeschrieben und dabei den 6. März als Todestag ohne Jahresangabe angegeben. Seither sind immer wieder Pilger an die Grabstätte gereist, und der Strom hat bis heute nicht nachgelassen. An der Decke des Münsters kann man die Lebensgeschichte des Heiligen in den Fresken von F. J. Spiegler nachvollziehen. Fridolin soll einst aus Irland gekommen sein, um das Grab von Hilarius, Bischof von Poitiers, zu besuchen. Weil er die Hilarius-Kirche zerstört vorfand, suchte er in den Trümmern die Gebeine des Verehrten, schuf ein neues Grab und baute das Gotteshaus wieder auf. Der amtierende Bischof von Poitiers weihte ihn daraufhin zum Abt des dazu gehörenden Klosters. Eines Tages gebot eine Stimme Fridolin, er solle auf einer Rheininsel als Glaubensbote tätig werden. Also zog er Richtung Osten nach Deutschland und errichtete zahlreiche Hilarius-Kirchen und -Klöster. Bei Säckingen fand er schliesslich die gesuchte Insel im Rhein, wo er sich niederliess, ein Kloster gründete und bis zu seinem Tod tätig war. Die Gebeine des Heiligen werden in der kleinen Fridolinskapelle, auf der rechten Seite des Münsterchors, in einem glanzvollen, über dreihundert Kilogramm schweren Silberschrein aufbewahrt. Mit der Ausführung der kostbaren Arbeit hatte die letzte Fürstäbtissin des Stifts, Anna Maria von Hornstein-Göffingen, den Augsburger Silberschmied Gottlieb Emmanuel Oernster betraut.

Die Reliquien des Heiligen haben die Säckinger durch all die Jahrhunderte hindurch sorgsam gehütet. Während des Dreissigjährigen Krieges brachte die Äbtissin sie nach Glarus in Sicherheit, wo das Kloster Säckingen über bedeutenden Grundbesitz verfügte. Zum Dank erhielt Glarus, das trotz der Reformation noch heute den Heiligen als Landespatron in seinem Wappen trägt, ein paar Anteile der kostbaren Reliquien.

Der Todestag des St. Fridolin wird in Bad Säckingen noch heute mit einem grossen Fest und einer Prozession gefeiert. Erfolglos blieben die Verbote der Prozessionen und Wallfahrten zur Zeit der Kaiserin Maria Theresia und ihres Sohnes Joseph II. im Zuge der Aufklärung – Säckingen gehörte damals noch zu Vorderösterreich. Zwar wurde das Kloster 1806 aufgehoben, als der Breisgau an das Grossherzogtum Baden fiel, doch die Fridolinsprozession liess sich nicht verbieten. Im Jahre 1900 schätzte man die Zahl der Angereisten am Fridolinsfest in Säckingen auf fünftausend – eine beachtliche Zahl, wenn man bedenkt, dass die Stadt damals nur viertausend Einwohner hatte. Auch beim ersten Fest nach dem Zweiten Weltkrieg im Jahre 1946 sollen allein aus der Schweiz fünftausend Besucher gekommen sein, die bei dieser Gelegenheit der Not leidenden Bevölkerung Gaben mitbringen konnten. Die Glarner nehmen auch heute noch, über die alte Holzbrücke kommend, am Fridolinsfest teil, soll ihnen doch der Heilige durch sein Erscheinen bei der Schlacht von Näfels im Jahre 1388 zum Sieg verholfen haben. Die Fridolinsfeier in Bad Säckingen erstreckt sich üblicherweise über zwei Tage. Am eigentlichen Fridolinstag, dem 6. März, findet ein Festgottesdienst und ein Jahrmarkt statt,

der daran erinnert, dass die Stadt einst dank ihrer Rheinbrücke ein bedeutender Marktflecken war. Am darauf folgenden Sonntag wird im Münster eine festliche Messe gelesen, und anschliessend zieht die Prozession im Andenken an den beliebten Stadtpatron mit dem Fridolinsschrein und seiner Statue in langem Zug durch die Innenstadt.

Der Fridolinsschrein ist eine Rokoko-Silberarbeit aus Augsburg

Wo einst die Deutschritter residierten

BEUGGEN

ANFAHRT
DB bis Beuggen; oder
Spaziergang in 30 Geh-
minuten ab Bahnhof
Rheinfelden-CH über den
Rhein, rechts durch das
Stadtzentrum auf der
deutschen Seite; 300 m
nach dem Wasserturm
durch die Untere Kanal-
strasse weiter bis Schloss
Beuggen

ÖFFNUNGSZEITEN
das Gelände ist jederzeit
zugänglich

Fährt man von Badisch-Rhein-felden in Richtung Bad Säckingen, zweigt rechts nach etwa zwei Kilometern ein schmales, steil abfallendes Strässchen nach Beuggen ab. Es führt in das prachtvolle, am Rhein gelege-ne Anwesen des Deutschritterordens, der hier einst residierte. Über dem Rundbogen des Eingangstors entdeckt man noch das Wappen der Grafen von Andlau (siehe auch S. 79) aus der Zeit, als der Komtur Georg von Andlau im 16. Jahrhundert die ganze Anlage erweiterte und mit einer zweiten Ringmauer befestigte. Der Ordenssitz mit den zwei turmbewehrten Toren, dem Burg-graben, den Wirtschaftsgebäuden mit Mühle und Schmiede rund um den weiten Burghof, vor allem aber mit dem statt-lichen Schloss, an das die Kirche angebaut ist, hat bis heute sei-nen ursprünglichen Charakter bewahrt.

Das Anwesen geht zurück auf das Jahr 1246, als Ritter Ulrich von Liebenberg, kaiserlicher Burgvogt auf der Feste des Steins zu Rheinfelden, den «Brüdern des Deutschen Ordens zum Schutz des Heiligen Landes» seinen Hof in Bukein, seine Burg und dazu viele andere Güter vermachte. Die auf der Anhöhe gelegene Burg gaben die Ordensbrüder jedoch bald auf und liessen sich unten am Rhein nieder – der Fluss und ein Was-sergraben bot ihnen Schutz.

Der Orden der Deutschherren oder Marienritter war 1190 im Zusammenhang mit den Kreuzzügen der Stauferkaiser gegrün-det worden. Zunächst handelte es sich um eine Bruderschaft, welche sich vorwiegend der Krankenpflege widmete. Erst sieben Jahre später wurde die Bruderschaft zu einem Ritterorden für den Glaubenskampf erhoben; seine Mitglieder setzten sich fortan aus Angehörigen des deutschen Adels zusammen. Sie hatten Armut, Gehorsam und Keuschheit zu geloben, ihre Hauptaufgabe war der Schutz der Pilger im Heiligen Land. Ihre Ordenstracht bestand aus einem weissen Mantel mit schwarzem Kreuz auf dem Rücken, auf Kappe und Waffenrock. Bei

ihrem Ansturm gegen die ‹Heiden› in Osteuropa konnte der Deutschritterorden ein Gebiet für sich gewinnen, das zeitweise von Pommern bis zum Finnischen Meerbusen reichte, und schaffte sich dort durch Kolonisation und Christianisierung ein grosses Imperium. Zahlreiche Burgen und Schlösser in weiten Teilen Europas bildeten ihre Stützpunkte. In der ‹Ballei› – so wurden die Verwaltungsbezirke des Ordens genannt – Elsass-Burgund nahm Beuggen eine wichtige Stellung ein. Um die Mitte des 14. Jahrhunderts gab es hier auch einen Schwesternkonvent, dessen Spur sich später jedoch wieder verliert. In Basel haben sich die Deutschritter 1268 beim Kunos-Tor an der heutigen, nach ihnen benannten Rittergasse niedergelassen und erweiterten den Besitz bis zum Olspergerhof und Hohenfirstenhof. Noch heute steht an der Rittergasse 29 die Deutschritterkapelle mit ihrem ehrwürdigen Portal; auf dem Giebelschlussstein kann man das Kreuz des Deutschritterordens erkennen.

Das Missionsideal, in Verbindung mit einer geschickten Politik, liess den Orden zur unangetasteten Macht des europäischen Ostens werden. Erst 1410 setzten sich Litauen und Polen vereint zur Wehr. Begleitet von inneren Krisen begann bald ein unaufhaltbarer Zerfall, der durch die Reformation noch verstärkt wurde. Mit den Feldzügen der Französischen Revolution, die auch Beuggen erreichten, und den Kriegen Napoleons ging die weltliche Vormachtstellung des Deutschritterordens ihrem Ende entgegen. Die Schlosskirche kam in den Besitz der Pfarrgemeinde von Karsau, während die Gebäudeanlage von nun an dem Grossherzogtum Baden gehörte. 1813 bis 1815 dienten die Räume als Feldlazarett der österreichischen Armee im Krieg gegen Napoleon, in welchem vor allem Typhuskranke gepflegt wurden; danach blieb das Schloss verwahrlost zurück.

Im Buch ‹Der Kriminalfall Kaspar Hauser› von Ferdinand Mehle wird die Vermutung geäussert, Kaspar Hauser sei als unerwünschter Erbprinz des Herzogtums von Baden im Gartenhaus

von Beuggen am Rheinufer, wo sich das Wappen derer von Reinach befindet, versteckt worden. Interessanterweise fertigte der Jüngling später in Nürnberg eine Zeichnung an, die diesem unverwechselbaren Wappen weitgehend entsprach. Drei Angehörige des Reinacher Adelsgeschlechts waren Mitglieder des Deutschritterordens in Beuggen.

Von Basel ging 1815 die Initiative aus, in Beuggen ein Kinder- und Jugendheim zu errichten. Die pietistischen Begründer des Basler Missionshauses übernahmen das Anwesen und enga-

Wappen der in Beuggen bestatteten Deutschritter

gierten den Juristen und Pädagogen Christian Heinrich Zeller, der in den verwahrlosten Räumlichkeiten eine Schule und ein Seminar für Armenschullehrer aufbaute. Seine Söhne und Enkel führten die Aufgabe mit grossem Idealismus weiter; nach ihrem Tod schenkten die Basler Besitzer 1954 das gesamte Anwesen der Evangelischen Landeskirche in Baden, damit diese dort ein Kinderheim eröffnete. 1980 schloss das Heim seine Tore, die Räumlichkeiten wurden umgebaut und werden jetzt von der Evangelischen Tagungs- und Begegnungsstätte Beuggen sinnvoll genutzt.

Der geschichtsträchtige Ort in wunderbarer Lage am Rhein, dessen Tore für Besucher immer offen stehen, lädt zu einem beschaulichen Spaziergang ein – und nicht zuletzt auch zum Nachdenken über die Vergänglichkeit weltlicher und kirchlicher Macht.

Das Münster hoch über dem Rhein

BREISACH

ANFAHRT
DB ab Freiburg bis
Breisach

WEG
durch das Stadtzentrum
hinauf zum Münster

ÖFFNUNGSZEITEN
im Sommer 8–18 Uhr;
im Winter 9–17 Uhr

Hoch über dem Rhein, zwischen Schwarzwald und Vogesen, erhebt sich in Breisach, den Chor nach der aufgehenden Sonne ausgerichtet, das Stephansmünster. Es steht auf einem Berg vulkanischen Ursprungs, der schon seit viertausend Jahren besiedelt ist. Eine besondere Anziehungskraft hat die unter dem Chor gelegene, durch sieben Arkaden zur Aussenwelt geöffnete Krypta. Man vermutet, dass dieser Ort einmal dem Totenkult gedient hat; auf der Nordseite der Kirche lag früher der Friedhof. Der niedrige Raum, dessen wundervolles Sterngewölbe auf einem Pfeiler in der Mitte ruht, strahlt eine Atmosphäre der Ruhe und Sicherheit aus. An dem Pfeiler ist der beeindruckende Torso eines Christuskreuzes zu sehen, das früher vor dem Westportal des Münsters stand und im Zweiten Weltkrieg zerstört wurde. Von den Schlusssteinen an der Decke schauen fröhliche Engel wie vom Himmel auf die Erde herab. 1978 wurde diese Krypta zu einer Gedenkstätte ausgestaltet, die an die fast völlige Zerstörung der Stadt im Jahre 1945 erinnert. Der Breisacher Bildhauer Helmut Lutz legte um die tragende Mittelsäule einen Dornenkranz aus Stein, aus dem sieben Blüten als Symbol für das Leben, das aus dem Tod kommt, hervorspriessen.

Im Inneren des Münsters sind grosse Kostbarkeiten zu bewundern, vor allem die Wandmalereien, das ‹Weltgericht› von Martin Schongauer aus Colmar, das der Künstler in seinen letzten Lebensjahren, die er als Bürger von Breisach verbrachte, geschaffen hat. Der filigrane Lettner, die Schranke zwischen Priesterchor und Laienschiff, ist ein Meisterwerk spätgotischer Steinmetzkunst, und der Hochaltar des Meisters H L (Hans Loi) eines der bedeutendsten Kunstwerke deutscher Bildschnitzerei. Im Fuss des neuen Altartisches findet man den silbernen Reliquienschrein von 1496, der die sterblichen Überreste der beiden heiligen Stadtpatrone Gervasius und Protasius birgt, die unter Kaiser Nero in Mailand ihr Martyrium erlitten. Ihre

Gebeine sollen 1162 durch den Kölner Erzbischof Reinald von Dassel nach der Eroberung Mailands auf wunderbare Weise nach Breisach gelangt sein. Die Legende findet man auf dem Schrein dargestellt.

Breisach war in keltischer Zeit eine Fürstenburg mit politischen und wirtschaftlichen Beziehungen, die bis zum Mittelmeer und nach Griechenland reichten; der Name der Stadt geht auf den keltischen Begriff ‹Brisin-ac› zurück und bedeutet ‹Wasserbrecher›, denn die Wellen des Rheins schlugen damals

Der geschnitzte Hochaltar mit der Krönung Marias ist ein Werk des Meisters HL von 1525

von allen Seiten an den Felsenberg, der bei Hochwasser zur Insel wurde. Neben einem keltischen Oppidum auf dem Breisachberg gab es bei Hochstetten am Ufer des Rheins auch eine keltische Flachlandsiedlung. Auf der Südseite der Felsplatte errichteten die Römer dann ein ausgedehntes Kastell zur Verteidigung ihrer Grenze am Rhein vor dem Ansturm der Alemannen. Hier weilte am 30. August 369 Kaiser Valentinian I. und erliess ein Edikt, in dem der ‹mons brisiacus› erstmals

schriftlich erwähnt wird. Um 400 mussten die Römer den vorrückenden Alemannen weichen, und das Kastell wurde zerstört; seine Fundamente wurden 1970 auf der Nordseite des Münsters gefunden und deren Verlauf in der Pflasterung des Bodens markiert. Auf diesen Grundmauern war gegen Ende des 12. Jahrhunderts der romanische Münsterbau errichtet worden.

Damals unterstand der Ort bereits dem Basler Bischof, denn Kaiser Heinrich II. hatte zu Beginn des 11. Jahrhunderts das

Basler Domstift mit dem Breisachberg belehnt, und über Jahrhunderte hinweg blieb diese Herrschaft, mit kurzen Unterbrechungen, bestehen. 1146 bestätigte Papst Eugen II. dem Basler Bistum das Münzrecht in dem «Dorf Breisach, das im Eigentum der Basler Kirche neulich erbaut wurde». Wenig später geriet der Ort in den Besitz des Herzogs Berthold V. von Zähringen, der im Norden des Plateaus eine mächtige Burg errichten liess, die Siedlung befestigte und auf der Anhöhe den

noch heute vorhandenen Radbrunnen mit seinem Turm erbaute. Unter seiner Herrschaft entstand das romanische Münster anstelle einer kleineren Stephanskirche. 1275 erhob Rudolf von Habsburg Breisach in den Stand einer freien Reichsstadt, die sich 1331 freiwillig unter den Schutz des Hauses Habsburg begab; 1469 verpfändeten die Habsburger die Stadt an Herzog den Kühnen von Burgund.

Unter Kaiser Maximilian I. begann der Ausbau der Kaufmanns- und Gewerbestadt zu einer der stärksten Festungen Europas.

Eine Besonderheit des Breisacher Münsters ist die Aussenkrypta

Während des Dreissigjährigen Krieges kam die Stadt an Frankreich, und König Ludwig XIV. beauftragte den berühmten Baumeister Vauban mit dem Ausbau der Festung als Bollwerk gegen das Deutsche Reich. Im Frieden von Ryswijk im Jahre 1697 wurde Breisach wieder Österreich zugesprochen, und Frankreich schuf sich, abermals nach Plänen Vaubans, wenige Kilometer entfernt auf der anderen Rheinseite den noch erhaltenen Festungsstern Neuf-Brisach. 1793 zerstörten französische Revolutionstruppen Alt-Breisach vollständig, und 1805 kam die Stadt zum Grossherzogtum Baden.

Noch einmal, gegen Ende des Zweiten Weltkriegs, lag die Stadt darnieder, wurde jedoch stilvoll wieder aufgebaut und versteht sich heute als Brücke und Tor für die Menschen zu beiden Seiten des Rheins: Als Erste in Europa haben sich die Breisacher Bürger 1950 mit 96 Prozent der Stimmen zu einem einigen und freien Europa bekannt, und 1960 wurde eine Städtepartnerschaft mit Saint-Louis im Elsass geschlossen.

Die Reliquien der drei heiligen Jungfrauen

EICHSEL

ANFAHRT
Bus ab Bahnhof
Rheinfelden-D bis Ober-
eichsel

ÖFFNUNGSZEITEN
9–18 Uhr

Fährt man von Badisch-Rhein-
felden in Richtung Maulburg auf den Dinkelberg, kommt man
an der höchsten Stelle zur Eichsler Kirche im Ortsteil Ober-
eichsel. Bei klarem Wetter kann man von hier aus bis zu den
Schweizer Alpen hinüberblicken. Der Ort war schon zur Römerzeit besiedelt, und es ist anzunehmen, dass sich an der
Stelle der heutigen Kirche bereits eine vorchristliche Kultstätte
befand; der Name Eichsel soll aus dem Begriff ‹Eiche des Heils›
hervorgegangen sein. Am dritten Sonntag im Juli wird der Ort
zum Mittelpunkt eines altüberlieferten Festes zu Ehren der
drei Jungfrauen Wibrandis, Kunigundis und Mechtundis. Nach
einem Festgottesdienst werden die Reliquienschreine der Heiligen auf dem mit Blumenteppichen belegten Prozessionsweg
ums Dorf geführt, und im Anschluss findet ein kleines Dorffest
statt.

Nach der Legende, die sich durch Jahrhunderte hartnäckig
gehalten hat, gehörten die drei Jungfrauen zur Gefolgschaft
der heiligen Ursula, deren Kopfreliquiar zum Basler Münsterschatz gehört. Die heilige Ursula soll eine englische Königs-
tochter gewesen sein, die im 5. Jahrhundert lebte und vor ihrer
Verheiratung eine Wallfahrt nach Rom unternahm, begleitet
von ihren bekehrten Hofdamen, deren Zahl – vermutlich auf-
grund eines Lesefehlers – mit 11 000 angegeben wurde. In kleinen Schiffen fuhren sie nach Basel, wandelten von der
Schifflände den Rheinsprung hinauf und bogen rechts in eine

Gasse ein, die zur Martinskirche hinaufführt und in Erinnerung an die Geschichte heute ‹Elftausendjungfern-Gässlein›
heisst. Nach ihrer Rückkehr aus Rom verkaufte die fromme
Pilgerinnenschar ihre Reit- und Lasttiere in Basel, um die Reise
auf dem Rhein fortzusetzen. In Köln wurden die Frauen von
den Hunnen überfallen und starben den Märtyrertod.

Der Überlieferung zufolge sollen einige von Ursulas Begleite-
rinnen in Basel zurückgeblieben sein: die drei Klausnerinnen

Margaretha, Ottilie und Christiana (Chrischona), die sich auf
den Hügeln im Süden und Norden der Stadt ihre Einsiedeleien
errichteten (siehe auch S. 15 ff.).

Eine andere der zahlreichen Legenden, die eine Chrischona
beziehungsweise Christiana für sich beanspruchen, berichtet
folgendes: Noch vor der Ankunft in Basel, nämlich in Augst,
sollen Kunigundis, Mechtundis und Christiana zusammen mit
ihrer Dienerin Wibrandis die Reise wegen schwerer Erkran-
kung unterbrochen haben. Christiana soll bald darauf gestor-

ben sein, während die übrigen Frauen das Rheinbett überquerten und zum Hof Roppersweiler am Dinkelberg kamen. Dem Ende nahe, erbaten sie die kirchlichen Sakramente und ein Begräbnis an jenem Ort, an den ein mit Ochsen bespannter Wagen ihre Leichname von selbst führen würde. Dies geschah nach der Überlieferung bei einer alten Eiche. An den Grabstätten der Jungfrauen sollen sich im Lauf der Zeit unzählige Wunder zugetragen haben.

Der Reliquienschrein der Kunigundis während der Prozession am ‹Eichsler Umgang›

Die älteste Nachricht über die Verehrung der drei Heiligen stammt aus dem Jahr 1192. Unter Papst Julius II. wurde 1504 ein Prozess zur Heiligsprechung angestrengt, dessen Protokolle 1505 gedruckt wurden. In den Universitätsbibliotheken von Basel, Freiburg und Tübingen sind solche Wiegendrucke vorhanden. Vierzig Zeugen sind damals vernommen worden. Sie machten zum Teil übereinstimmende Aussagen über den auf wundersame Weise entstandenen ‹Mägdebrunnen›, lieblichen Veilchenduft an den Gräbern und über ungewöhnliche Heilungen. So sollen zwei Basler Frauen hier von der Pest genesen sein. Die Gräber der Frauen wurden geöffnet und ihre sorgsam präparierten Reliquien am 16. Juni 1504 auf den Altar der Kirche gehoben. Fünftausend Menschen sollen zu dieser Feier auf den Dinkelberg gekommen sein.

Trotz der Reformation in Basel von 1529 (in der Markgrafschaft Baden 1556) und trotz des rigorosen Verbots durch Kaiser Joseph II. von 1783 lebte die Jungfrauenverehrung der ‹drei

Mägde› weiter. Der grosse Zustrom von Wallfahrern und Gläubigen am Jungfrauenfest brachte es mit sich, dass aus dem rein religiösen Anlass ein Volksfest mit Jahrmarkt, Verkaufsbuden, Musik und Tanzveranstaltungen wurde. Im Jahre 1820 stellte ein junger Vikar, dem dieses Treiben missfiel, beim Konstanzer Bistumsverweser den Antrag, das Fest zu untersagen und bewirkte ein Verbot. Die Wallfahrt versiegte im Lauf der Zeit, doch an seiner Stelle entstand ab 1862 der Brauch des ‹Eichsler Umgangs› am dritten Julisonntag.

Wibrandis, Kunigundis und Mechtundis auf dem Jungfrauen-Altar

Die Verbindung der drei Heiligen mit dem Ursulinenzug wird heute angezweifelt. Man vermutet, dass das Wirken der drei Jungfrauen in die Karolingerzeit fällt und im Zusammenhang mit der Missionierung des Dinkelbergs steht. Die Dreizahl der heiligen Frauen hier und an anderen alten Wallfahrtsorten wie beispielsweise in Wentzwiller (siehe S. 169 ff.) lässt jedoch vermuten, dass es auf dem Dinkelberg schon eine vorchristliche Kultstätte gab.

Unter der Eichsler Kirche soll sich noch bis in die 1980er Jahre eine sagenumwobene Quelle befunden haben, zu der die Menschen hinabstiegen, um Wasser zu holen. Bei der Renovation von 1980/81 ist jedoch eine Drainage gelegt und die Öffnung verschlossen worden. Zu sehen sind heute in der St. Gallus geweihten Kirche die Reliquienschreine der drei Jungfrauen auf dem rechten Seitenaltar mit den Statuen der Heiligen, die auch im Kirchenfenster auf der Südseite dargestellt sind.

Die ‹weinende Madonna› in der St. Martinskirche

ENDINGEN

ANFAHRT
DB via Freiburg und
Riegel bis Endingen

ÖFFNUNGSZEITEN
Martinskirche 9–18 Uhr

HINWEIS
Kaiserstühler Heimat-
museum am Marktplatz 1;
geöffnet jeden 3. Sonntag
im Monat 15–18 Uhr

Sie steht hoch oben am Altar der am Marktplatz gelegenen St. Martinskirche (der ‹Oberen Kirche›), festlich gekleidet in ein weisses Gewand – die ‹weinende Madonna› von Endingen am Kaiserstuhl, geschaffen um das Jahr 1450. Mit Krone und Szepter stellt sie Maria Königin dar, auf dem Arm ihr fröhliches Jesuskind, das lächelnd den Reichsapfel hält. Unzählige Menschen suchen jedes Jahr Zuflucht bei dieser Muttergottes, vor allem an den Marienfesten. Die Hauptfeier jedoch findet an Christi Himmelfahrt statt: Am Vorabend kommen Pilger aus dem ganzen Kaiserstuhl und dem nahen Elsass hierher, um an der grossen Lichterprozession teilzunehmen. Blumengeschmückte Altäre werden am Strassenrand errichtet, auf denen auch die ersten Früchte – in manchen Jahren sind schon die Kirschen geerntet – und der Endinger Wein, der ‹Käppili Wii›, zur Segnung aufgestellt sind. Bis zum letzten Platz ist das Kirchenschiff gefüllt, wenn um 7.30 Uhr der Gottesdienst beginnt. Danach ziehen die Gläubigen mit ihren Vereinigungen, deren Fahnen und den Statuen der alten Zunftheiligen in einer Lichterprozession durch die von zahllosen Kerzen beleuchtete, stimmungsvolle Altstadt und singen die alten Wallfahrtslieder, darunter das berühmte Endinger Brunnen-Quellen-Lied. Anschliessend wird die ganze Nacht über in der Wallfahrtskirche Andacht gehalten. Am Morgen des Auffahrtstages folgt ein Hochamt, dem sich eine Eucharistieprozession durch den Ort zur Pfarrkirche St. Peter anschliesst.

An Christi Himmelfahrt wird der Jahrestag des Tränenwunders gefeiert, das sich am 27. Mai 1615, dem Vorabend des Auffahrtstages, hier ereignet haben soll. Im Wallfahrtsbüchlein heisst es dazu: «Um halb sechs begab sich damals Anna Loner, die Stubenmutter der Handwerksgesellen, zum Marienaltar in der St. Martinskirche, um dem Jesuskind, das die Mutter auf dem Arme trägt, und den Engeln für die Prozession neue Kränzlein anzumessen. Mit ihr betraten der Bürgermeister

Matheus Stägmayer mit seiner Frau und ein Schlossergeselle namens Klingnau das Gotteshaus. Drinnen waren der Sigrist Matern Prediger mit dem Schmücken der St. Katharinastatue und seine Frau Elisabeth Schwörer mit dem Reinigen des Bodens beschäftigt. Als sie vor dem Liebfrauenaltar ankamen und dem Kinde das alte Kränzlein abnehmen wollten, sahen sie im Angesicht der Mutter perlende Wassertropfen glänzen. Man glaubte zuerst, das Bild sei mit Weihwasser besprengt worden. Doch der Sigrist stieg zum Bild hinauf, um die Sache genauer

Lichterprozession
am Vorabend von
Christi Himmelfahrt

zu untersuchen. Zu seinem grössten Staunen und Schrecken musste er wahrnehmen, dass die Wassertropfen wie Tränen aus den Augen der Gottesmutter flossen und sich über das ganze Antlitz verbreiteten. Er wischte die Tränen mit seinem Finger weg und trocknete diese am Altartuch ab. Sofort aber quollen neue Tropfen aus dem Antlitz heraus. Bald begannen auch aus dem Gesicht des Jesuskindes Tränen zu fliessen. Man suchte sogleich nach einer natürlichen Erklärung, doch alles Suchen war umsonst [...]».

Erst nach einer Stunde versiegten die Tränen. Dach, Wand und Altar über und bei der Statue erwiesen sich bei der Untersuchung als trocken, wie ein amtlicher Protokollbericht mit zahlreichen Eidesunterschriften besagt. Eine Abschrift dieses ‹Verhörprotokolls› vom 30. Mai 1615 ist noch vorhanden, eine Kopie im Heimatmuseum ausgestellt. Nach diesem Ereignis setzte eine grosse Wallfahrt ein, zumal das Weinen als Zeichen für kommendes Unheil angesehen und nach 1618 auf den Ausbruch des Dreissigjährigen Krieges bezogen wurde.

In der Zeit der Aufklärung hob Kaiser Josef II. 1783 die 1651 gegründete Rosenkranzbruderschaft auf. Die baufällige Martinskirche sollte abgebrochen, die Pfarrei aufgegeben und die Wallfahrt unterdrückt werden; doch die Endinger Bevölkerung wehrte sich erfolgreich dagegen. Zahlreiche Votivtafeln, Krücken und Gaben hingen noch bis um 1900 in der Kirche. Heute liegt ein Fürbittenbuch auf, und für die eingeschriebenen Anliegen wird der abendliche Rosenkranz gebetet. Dass die Stadt auch bei späteren Kriegen weitgehend verschont geblieben ist, schreiben die Endinger noch heute der Fürsprache ihrer Gottesmutter zu. Die Altstadt mit dem 1527 erbauten, später im Barockstil umgestalteten Rathaus und der Stadtkirche (St. Peterskirche), die 1773 erneuert und mit Malereien von Johannes Pfunner versehen wurde, lädt zu einem beschaulichen Spaziergang ein.

St. Landelin und der heilende Brunnen

ETTENHEIM-
MÜNSTER
ANFAHRT
Bus ab Hauptbahnhof
Freiburg bis Haltestelle
Ettenheimmünster-Kirche
ÖFFNUNGSZEITEN
täglich 9–18 Uhr

Aus allen Himmelsrichtungen, vor allem auch aus dem Elsass, kommen sie mit Pferden, Fuhrwerken und Wagen nach Ettenheimmünster – die Pilgerinnen und Pilger, die am Sonntagmorgen nach dem Landelinstag, dem 22. September, dem Heiligen die Ehre erweisen. An einem vorausgegangenen Abend gibt es im Ort Festlichkeiten mit einer Lichterprozession. Die Fenster der Häuser sind mit Tannengrün und goldgelben Bändern geschmückt, wenn sich die grosse Reiterprozession mit den Landelinsreliquien am Sonntag nach dem Festgottesdienst an der Mühle vorbei bis zum Waldrand hinauf und unter Glockengeläute wieder hinunter ins Dorf bewegt; gegen hundert Pferde sind dabei. Nach dem Umgang werden die Tiere auf den Platz hinter der Wallfahrtskirche gebracht, wo jedes einzelne den Segen und dazu aus der Hand des Geistlichen ein Zückerchen erhält.

In der Legende heisst es, der heidnische Ritter Giseko, Herr der nahen Gisenburg, habe Landelin, den irisch-schottischen Missionar, der im 7. Jahrhundert vom Elsass her kommend sich hier als Eremit niederliess, für einen Zauberer gehalten. In der Nähe seiner Einsiedelei sollen Jagdhunde zahm geworden sein und unfähig, das Wild zu jagen. Daraufhin habe ein Jäger des Ritters den Missionar mit dem Schwert enthauptet. Aus dem blutgetränkten Boden seien fünf Quellen entsprungen, deren Wasser bald als Wunder wirkend galt. Schon kurz nach Landelins Märtyrertod soll die Verehrung des Heiligen begonnen haben. Es heisst, der Strassburger Bischof Widegern habe hier im Jahre 728 ein Anachoreten-Klösterchen gegründet, das sein Nachfolger Eddo, ein Sohn des elsässischen Herzogs Eticho II., vergrösserte und reich beschenkte. In der Weltchronik des Reichenauer Mönchs Hermann der Lahme wird allerdings nur Bischof Eddo von Strassburg erwähnt, der hier 734 ein Kloster namens ‹Ethenheim› errichtet haben soll. Die später bedeutende Abtei, die wohl zu Anfang des 12. Jahrhunderts entstanden

ist und im Barock ihre Blütezeit erlebte, wurde 1803 im Zuge der Säkularisation durch den Reichsdeputationshauptschluss dem Kurfüstentum Baden zugeschlagen und aufgehoben. In der Folge wurde sie abwechselnd als Tabakfabrik und Lazarett benutzt und schliesslich samt der Klosterkirche 1865 endgültig zerstört.

Die in Silber getriebene, teilweise vergoldete und mit barocker Krone versehene Reliquienbüste mit der Hirnschale des heiligen Landelin, die bei der Prozession mitgeführt wird, stammt

Die silbergetriebene Landelinsbüste aus dem Jahre 1506

vermutlich von einem unbekannten Strassburger Meister. Dass sie, als das Kloster aufgehoben wurde, vor der Einschmelzung bewahrt blieb, ist dem damaligen Pfarrer zu verdanken, der für den Fall, dass das Reliquiar vom Staat nicht zurückgegeben würde, mit der «ewigen Verdammnis» drohte. Heute ist die ab 1687 vor den damaligen Klostermauern errichtete monumentale Wallfahrtskirche, die ein älteres Gotteshaus ablöste, das beherrschende Gebäude. An der Decke stellen stuckgerahmte

Freskenbilder das Leben des heiligen Landelin dar; die grosse Silbermannorgel stammt aus der abgebrochenen Klosterkirche. Das Zentrum der Wallfahrt jedoch bildet die sprudelnde Quelle unter dem kuppelförmigen Bau, der an die Kirche angrenzt. Bereits in vorchristlicher Zeit soll es hier ein Wasserheiligtum gegeben haben, und noch immer kommen täglich Menschen mit Kanistern und Kannen, um etwas von dem begehrten Trink- und Heilwasser mit nach Hause zu tragen.

Segnung und
Zückerchen für die
Pferde am Landelinstag

Das wundertätige Kreuz

NEUENBURG
AM RHEIN

ANFAHRT
Bus ab Bahnhof Müllheim
bis Haltestelle
Breisacherstrasse

WEG
auf der Basler Strasse
südlich stadtauswärts
Richtung Ortsteil
Steinenstadt

ÖFFNUNGSZEITEN
tagsüber, bis etwa 17 Uhr

Station am Kreuzweg zur
Heilig-Kreuz-Kapelle

Ein wunderschön in die Natur eingebetteter Kreuzweg befindet sich an einer Abzweigung der Basler Strasse, die von Neuenburg am Rhein nach Steinenstadt führt. Er geleitet zu der kleinen Heilig-Kreuz-Kapelle, in der sich eine aus dem 13. Jahrhundert stammende, kleine, fast kindlich anmutende Steinskulptur mit Jesus am Kreuz befindet, die der Überlieferung nach unzähligen Menschen in Krankheit und Bedrängnis geholfen haben soll. «Ich Endesunterschriebener bekenne mit Mund und eigener Hand, mit guten Treuen und Ehren, wie dass ich eine schwere Krankheit gehabt, nämlich die Gliedersucht. Ich habe lange Zeit weder stehen noch gehen können, dass jedermänniglich ein grosses Bedauern mit mir getragen» schreibt im Jahre 1725 der aus der Schweiz stammende Schullehrer von Schlatt, Heinrich Meyer, wie in Winfried Studers Wallfahrtsbüchlein nachzulesen ist. «Den 17. Tag des Herbstmonats zwischen 9 und 10 Uhr mit schmerzlicher Betrübnis nimm ich mein höchstes Vertrauen zu dem hl. Kreuz auf Neuenburg und verlobe mich selbsten, sobald ich selber wieder gehen könne. Vernehmt Wunder: Selbiger Augenblick hab ich können gehen und stehen.» Viele solche Gebetserhörungen sind im Stadtarchiv von Neuenburg am Rhein dokumentiert, vor allem von der Hauptwallfahrt, die hier jeweils am Fest der Kreuzauffindung, am 14. September, stattfand. Heute pilgern die Menschen aus der Umgebung, einem Gelübde des Stadtpfarrers von 1742 folgend, alljährlich am ersten Sonntag im Mai in einer Dankprozession zur Heilig-Kreuz-Kapelle.

Die Legende berichtet, dass das steinerne Kreuz auf wundersame Weise den Weg hierher gefunden habe. Auf den Fluten des Rheins schwimmend, sei es vor Neuenburg erschienen und im Ufersand liegen geblieben. Fischer fanden es und brachten es in die Stadt. Von den Einwohnern im Münster aufgestellt, soll das Kreuz jedoch immer wieder an die jetzige Stelle zurück-

gekehrt sein. Daraufhin bauten die Neuenburger hier, vor den Toren der Stadt, die Kapelle zu Ehren des Heiligen Kreuzes. Mehrmals danach wurden die Stadt und die Kapelle durch kriegerische Ereignisse zerstört, wieder aufgebaut und das Kreuz in Sicherheit gebracht. Zur Zeit Kaiser Josephs II. (1741–1790) wurde die Wallfahrt verboten und der Abriss der Kapelle angeordnet; nur der Einwand der Neuenburger, das Kirchlein biete den auf dem Feld arbeitenden Landleuten Schutz bei plötzlich auftretenden Gewittern, konnte den Abbruch verhindern.

Das Steinkreuz aus dem 13. Jahrhundert

Im Zweiten Weltkrieg versank die Heilig-Kreuz-Kapelle in Trümmern. Nach dem Aufruf des Stadtpfarrers meldeten sich freiwillige Helfer zum Wiederaufbau, so dass sie am letzten Maisonntag 1964 eingeweiht werden konnte. Im Inneren finden sich Sandsteinskulpturen aus dem Neuenburger Münster ‹Unserer Lieben Frau›, die das Heilige Grab darstellen, und noch immer suchen Menschen den Ort auf, um hier Trost und Frieden zu finden.

Die Kuppelkirche – Sinnbild des Kosmos

ST. BLASIEN

ANFAHRT
Bus ab Bahnhof Bad
Säckingen bis Bus-
bahnhof St. Blasien;
DB ab Freiburg bis See-
brugg und weiter per Bus
bis St. Blasien

ÖFFNUNGSZEITEN
im Sommer 9–17.30 Uhr,
im Winter 9–16.30 Uhr

Als sich vor über tausend Jahren die ersten Benediktinermönche im Albtal, dort wo heute St. Blasien liegt, niederliessen, fanden sie einen Ort der Stille vor. Gemäss ihrem Leitsatz ‹ora et labora› machten sie das Land in mühevoller Arbeit urbar. Um die Mitte des 9. Jahrhunderts gründete der adelige Sigemar hier die ‹Albzelle› und unterstellte sie der Benediktinerabtei Rheinau bei Schaffhausen. Dem Synodenbeschluss von Aachen im Jahre 817 entsprechend mussten die ‹Zellen› mindestens sechs Mönchen Raum bieten, die nach der Regel des heiligen Benedikt lebten. In die Albzelle wurde eine Oberarmreliquie des heiligen Blasius überführt, die wahrscheinlich der irische Mönch und spätere Heilige Findan zuvor aus Rom in das Kloster von Rheinau gebracht hatte. Es heisst, der Mönch habe sich danach in der Klosterkirche einmauern lassen und sei dort zweiundzwanzig Jahre, bis zu seinem Tod im Jahre 878, in Gebet und strengster Abtötung verblieben.

Zur Zeit der Ungarneinfälle um das Jahr 900 war St. Blasien kurze Zeit verwaist; doch um die Mitte des 10. Jahrhunderts kam es zu einer zweiten Gründung durch den Ritter Reginbert. St. Blasien löste sich von Rheinau ab, war eine Weile dem Bistum Basel unterstellt, konnte sich jedoch nach langen Bemühungen im Jahre 1141 selbstständig machen. Das Kloster wurde zu einem bedeutenden geistig-religiösen Reformzentrum im alemannischen Raum und bemühte sich später um den Ausbau des eigenen rechtlichen und wirtschaftlichen

Status. Zwei Herrschaften und acht Ämter verwalteten die Besitzungen und Rechtsansprüche, die man sich im Lauf der Zeit im Südschwarzwald, Wiesental, Markgräflerland, Breisgau, im Gebiet um Zürich, im Aargau und in Oberschwaben angeeignet hatte. Auch Schenkungen und Gewinne aus Silberbergwerken trugen zur Mehrung des Besitzes bei.

1361 kam das Kloster unter österreichische Landeshoheit und erlitt während der Bauernkriege von 1525/26, in denen die

Bauern politische Rechte forderten, grosse Schäden. 1768 legte ein Feuer das Hauptgebäude und alle Nebengebäude, das alte und neue Münster, die Pfarrkirche St. Stephan und die Kapellen in Schutt und Asche. Fürstabt Martin Gerbert liess daraufhin das von der Aufhebung bedrohte Kloster neu aufbauen. Der Dom mit der spektakulären Kuppelkonstruktion wurde von dem französischen Architekten Pierre Michel d'Ixnard geplant, Baudirektor war Franz Joseph Salzmann. Rund zehn Jahre benötigte der Bau der Kirchenkuppel, die in Anlehnung an das

Vorbild des altrömischen Pantheons und einiger Pariser Kirchen des 18. Jahrhunderts konzipiert war und einer Sensation gleichkam.

1770 liess der Fürstabt Gerbert eine Gruft einrichten, in der die Gebeine der frühen Habsburger bestattet werden sollten, um ihnen auf vorderösterreichischem, katholischem Boden ihre letzte Ruhe zu geben. Zu diesem Zeitpunkt lagen die Gebeine noch im schweizerischen Königsfelden, von wo sie zunächst,

zum Missfallen der Schweizer Bevölkerung, in die St. Blasische Propstei Klingnau im damals österreichischen Aargau überführt wurden. Auch die Überreste der Königin Anna, Gattin Rudolf von Habsburgs, die 1281 in Wien gestorben war und ihrem Wunsch gemäss im Basler Münster ihr Grab gefunden hatte, wurden nun nach Klingnau gebracht, allerdings ohne die vergoldete Grabkrone, die man 1510 bei einer Graböffnung gefunden und sofort dem Basler Münsterschatz einverleibt hatte. Bei der Wiedereröffnung der neuen Klosteranlagen von

St. Blasien am 14. November 1770 sorgte man für einen feierlichen Einzug der «österreichischen höchsten Leichen» auf sechsspännigen Wagen, für eine Totenfeier und Beisetzung in der Habsburger-Gruft. Mittels dieses Schachzugs sicherte St. Blasien sich und der Abteikirche den kaiserlichen Schutz der Habsburger. Doch die Epoche der alten Herrschaftsverhältnisse sollte bald vorbei sein. Rund dreissig Jahre später, während der Säkularisierung in der Napoleonischen Zeit, fiel das Kloster an das junge badische Grossherzogtum; der Konvent wanderte mit den kirchlichen Kunstschätzen und den Gebeinen der Habsburger nach Österreich aus und fand eine neue Bleibe in der Abtei St. Paul im Lavanttal in Kärnten. St. Blasien wurde ausgeräumt und sollte abgebrochen werden. Für kurze Zeit liessen sich auf dem Klosterareal eine Gewehrfabrik und eine Spinnerei nieder.

Zu Beginn des 20. Jahrhunderts jedoch, zum 200jährigen Domjubiläum, wurde eine der grössten Kuppelkirchen Europas nach den ursprünglichen, rein klassizistischen Plänen wieder hergerichtet. 1933 erwarben die Jesuiten das benediktinische Erbe, um ein Gymnasium einzurichten, das zu einer der bedeutendsten Privatschulen Deutschlands werden sollte. Noch einmal, im Jahre 1977, zerstörte ein Brand bedeutende Kunstschätze, was zu einer Gesamtsanierung der Anlage und der Kuppelkirche, ganz ohne barocke Farbenpracht, führte.

Als Sinnbild des Kosmos beeindruckt der Dom heute vor allem durch seine lichtvolle Grösse. Chor und Kirchenraum sind getrennt durch ein meisterhaft geschmiedetes Chorgitter mit Heiligenmedaillons, die noch aus der Klosterzeit stammen und auf denen St. Blasius, St. Benedikt, St. Scholastika und St. Vincentius dargestellt sind. In der Mitte des Gitters befindet sich ein barockes Reliquienkreuz und darunter der Tabernakel. Den heiligen Blasius findet man auch an der Ostwand der Rotunde in einer barocken Figurengruppe, mit einer brennenden Kerze, ein halskrankes Kind segnend – ein Brauch, der noch heute am Todestag des Heiligen, dem 3. Februar, durchgeführt wird. Der Legende nach wurde der Heilige besonders durch die Errettung eines Kindes vor dem Erstickungstod berühmt, weshalb man ihn zum Schutzheiligen bei Halskrankheiten ernannte.

Die Quelle bei der mächtigen Abtei

ST. TRUDPERT

ANFAHRT
Regionalbahn (SWEG) ab
Bad Krozingen bis
Münstertal Bahnhof, von
dort aus ca. 4 km mit dem
Bus; PKW ab Staufen
über Untermünstertal bis
St. Trudpert

ÖFFNUNGSZEITEN
9 Uhr bis Sonnen-
untergang

Südlich von Freiburg im Breisgau gelangt man über die hübsche Stadt Staufen in östlicher Richtung in das stille Münstertal am Fusse des Badischen Belchen. Beim Eingang zum Obertal stösst man auf eine majestätisch auf einer Anhöhe gelegene ehemalige Benediktinerabtei. Der spirituelle Mittelpunkt dieses alten, sakralen Orts liegt etwas verborgen hinter der Stiftskirche, beim kleinen Friedhof der heutigen Klosterschwestern: Es ist die Quelle in der ausgeschmückten Brunnstube, zu der man über ein paar Stufen hinabsteigt, und die darüber stehende Kapelle, die auf dem Grab des heiligen Trudpert errichtet wurde.

Dessen Lebensgeschichte wird erstmals im 9. Jahrhundert im Codex Sangallensis erwähnt, der in der Klosterbibliothek von St. Gallen aufliegt. Nach der Legende wurde der Heilige um das Jahr 607 mit einer Axt erschlagen. Er gehörte wahrscheinlich zu den irischen und schottischen Missionaren, die im 6. und 7. Jahrhundert auf den Kontinent gekommen waren, um das Christentum zu verkünden. Von einem Adeligen namens Othbert hatte er ein Stückchen Land erhalten, das er urbar gemacht hatte, um darauf um 604 eine Einsiedelei zu gründen und ein Kirchlein zu errichten.

Schon im 7. Jahrhundert soll die Verehrung des heiligen Trudpert begonnen und sich eine grosse regionale Wallfahrt entwickelt haben. Um das Jahr 800 entstand über seinem Grab das erste rechtsrheinische Benediktinerkloster. Das Siegel des

Konvents von 1298 zeigt den Heiligen vor einer doppeltürmi-
gen Fassade – ein solch stattlicher Bau in romanischer Zeit
basierte nicht nur auf der geistigen Blüte des Klosters, sondern
auch auf der wirtschaftlichen Bedeutung des Orts Münster
wegen der damaligen Silbergruben im Tal. Münster wurde im
Dreissigjährigen Krieg vollständig zerstört, der Bergbau kam
zum Erliegen. Zeugen des spirituellen und materiellen Reich-
tums sind die wenigen bis heute erhaltenen Kunstschätze: das

so genannte St. Trudpertslied, ein Hohelied-Kommentar in
rhythmischer Prosa, das älteste Werk deutscher Mystik, das
sich heute in Wien befindet; das berühmte Niellokreuz aus
dem 12. Jahrhundert mit dem leidenden Christus; ausserdem
der romanische Trudpertskelch, der im Metropolitan-Museum
in New York ausgestellt ist, sowie ein gotisches Vortragekreuz,
heute in der Eremitage St. Petersburg.
Der heutige, barocke Kirchenbau stammt aus dem 18. Jahrhundert und wurde vom berühmten Vorarlberger Meister

Peter Thumb ausgeführt, der auch die Wallfahrtskirche in Birnau, die Kirche und die Bibliothek des Klosters St. Peter im Schwarzwald und die Stiftsbibliothek St. Gallen errichtete.

Oben auf dem Hochaltar ist Trudpert mit seinem Kirchlein dargestellt, und auf dem um 1764 entstandenen Trudpertsaltar in der ersten Seitenkapelle vor dem Chor findet man den Heiligen mit seinen Attributen, dem Fürstenhut, einem Buch und einer Axt, und der gesamten, imposanten Klosteranlage dieser Zeit.

Das Kloster wurde 1806 im Zuge der Säkularisierung aufgehoben; heute dient es als Mutterhaus der ‹Schwestern vom heiligen Joseph›, die hier auch ein Bildungswerk betreiben. Unter Kaiser Joseph II. wurden die damals üblichen, mehrtägigen Feierlichkeiten mit Prozessionen verboten – mit Ausnahme des Trudpertfests, das noch heute von der Pfarrgemeinde durchgeführt und jeweils am Sonntag nach dem 26. April, dem Todestag des Heiligen, begangen wird. Nach dem Hochamt um neun Uhr werden in feierlicher Prozession die Statue des Heiligen, der barocke Reliquienschrein von 1714 und das berühmte Niellokreuz aus dem 12. Jahrhundert unter Begleitung von Trachtengruppen um die Kapelle, das Kloster und die Pfarrkirche getragen. Manche Besucher holen sich anschliessend Wasser von der Quelle, und die Menschen der Umgebung nehmen die Gelegenheit wahr, die Gräber ihrer Freunde und Verwandten auf dem vor dem Kloster liegenden Friedhof aufzusuchen.

Ein weiteres Trudpertfest wird an der Gedenkstätte des Heiligen über dem Winzerort Ebringen im Breisgau am Sonntag um den 17. Juni abgehalten: in einem von Kirschbäumen umstandenen Feld steht die Berghauser Kapelle zum heiligen Trudpert, auf deren Hochaltar sein Martyrium dargestellt ist.

Die hilfreiche ‹Mutter vom Schwarzwald›

TODTMOOS

ANFAHRT
Bus ab Hauptbahnhof
Freiburg oder Bahnhof
Bad Säckingen bis
Todtmoos Busbahnhof

ÖFFNUNGSZEITEN
im Sommer 8–19 Uhr;
im Winter 8–17 Uhr

HINWEIS
Heimatmuseum in der
Murgtalstrasse 15 (geöff-
net Mi, Fr, So 14.30–17
Uhr; vom 15.6. bis 30.9.
auch Di, Do 14.30–17 Uhr)

Als im einsamen ‹Toten Moos›
noch Nebel und giftige Dämpfe aufstiegen, soll der Legende
nach dem Leutpriester Theoderich (Dietrich) von Rickenbach
im Jahre 1255 mehrfach die Gottesmutter erschienen sein, mit
der folgenden Ermahnung: «Dietrich, so du willst selig und
behalten werden und mich zu einer Fürbitterin bei Gott haben,
so stehe auf und gehe hin an die Stätte oder den Ort, der da
genannt wird der Schönenbühl, der da ist zwischen zwei flies-
senden Bächen, von denen der eine genannt wird Wehra, der
andere Totenbach im Schwarzwald, und daselbst sollst du dei-
nen Wohnsitz nehmen und mir und Gott meinem Sohne Jesu
Christo dienen [...]. All denen, die mich daselbst mit Eifer und
Andacht anrufen werden, will ich schnell zu Hilfe kommen in
allen ihren Trübseligkeiten, Ängsten und Nöten».

So jedenfalls hat es der Pater Johannes Hetter von St. Blasien
1409 in seiner Chronik beschrieben, die in einer Abschrift in
Todtmoos aufbewahrt wird. «Gehe zu der Stätte, die da genannt
wird der Schönenbühl», heisst es weiter, «dort wirst du einen
Baumstamm finden, der das Zeichen des heiligen Kreuzes
trägt, diesen Baum sollst du abhauen, und an dem Orte, an den
du wirst den Dolden oder die Höhe des Baumes fallen sehen,
da sollst du eine Kirche bauen und den Altar beim Dolden des
Baumes errichten.» Theoderich, der im vier Wegstunden ent-
fernten Rickenbach lebte, suchte den Ort auf, schaffte sich in
der «finsteren Wildnis» eine kleine Lichtung, baute sich ein

Die Gnadenmutter
von Todtmoos

kleines Haus und errichtete ein hölzernes Kirchlein bei dem gekennzeichneten Baum. Rasch entwickelte sich ein Wallfahrtsort, die Wildnis wurde urbar gemacht und der Boden bebaut. Die Kapelle kam unter den Schutz des Grafen und späteren Königs Rudolf von Habsburg, wurde 1268 durch einen steinernen Kirchenneubau ersetzt, der bereits im Jahre 1300 wegen der wachsenden Gemeinde erweitert werden musste. 1319 kam die Kirche als Geschenk Herzog Leopolds von Österreich an das Kloster St. Blasien (siehe S. 207 ff.), was der Wallfahrt grossen Auftrieb gab. Stiftungen, Jahrzeitkapitalien und Opfergelder trugen zum Unterhalt mehrerer Seelsorger und der schönen Ausstattung des Kirchenraumes bei, so dass sie 1391 durch einen Chorraum mit Sakristei erweitert werden konnte. Erste Mirakel wurden ab 1427 bekannt; besonders die Beendigung der in Freiburg wütenden Pest wird der Hilfe Marias zugeschrieben, nachdem auf Stadtratsbeschluss 13 Priester und 40 angesehene Bürger barfuss unter Fasten und tiefem Stillschweigen nach Todtmoos gepilgert waren. Es ist überliefert, dass auch zur Zeit des Basler Konzils 1439, «als die Pest in der Stadt grassierte und viele Prälaten, Doktoren, Kardinäle, Patriarchen, Erzbischöfe, Bischöfe, Äbte und Laien dahinraffte», auf Ratsbeschluss hin 24 Priester mit rund vierhundert Wallfahrern beiderlei Geschlechts auf Kosten der Stadt bei der Gottesmutter in Todtmoos eine Abwendung dieser Seuche erflehten.

Man sagt, es habe hier auch Brunnen mit Heilwasser gegeben. Besonders jener an der Strasse nach Bernau war für seine Wirkung berühmt. Berührend sind die Berichte über wunderbare Gebetserhörungen und Heilungen von Menschen aus der ganzen Region, vom Elsass bis in die Innerschweiz, die im Wallfahrtsbüchlein verzeichnet sind. So schrieb beispielsweise 1629 der Sohn des ehemaligen Landvogts und Ritters Johann Stulz von Unterwalden, dass seine Frau von ihrer Lähmung befreit wurde, als er in Todtmoos vor dem Gnadenbild sein Gebet verrichtete. Und noch 1906 wurde eine alte Pilgerin von einem jahrelangen Fussleiden geheilt.

Über das Gnadenbild selbst, die fast lebensgrosse Pietà auf dem Hochaltar, ist wenig überliefert. Vermutlich war es ein heimischer Schnitzer, der diese ausdrucksvolle Plastik um 1390 schuf. Sie ist in ein bodenlanges Barockgewand gehüllt, das nur die beiden Häupter sehen lässt. Unter dem Kleid ist die

Statue weitgehend verkohlt, wahrscheinlich in Folge eines Brandes.

Die heutige Kirche geht auf einen Neubau aus dem 17. Jahrhundert zurück, der im 18. Jahrhundert durch einen Turm erweitert und vom berühmten Baumeister am Dom von St. Blasien, Franz Joseph Salzmann, neu ausgestattet wurde. 1928 wurde die Kirche durch Anbau von Seitenschiffen erweitert, wobei beim Abbruch alter Gebäudeteile Wandmalereien und Masswerkteile der mittelalterlichen Kirche zum

Die ‹Mutter vom Schwarzwald›, auf einem Votivbild im Todtmooser Heimatmuseum

Vorschein kamen. Unter dem Chor liegt die als Ölbergkapelle ausgestaltete Krypta. Eine Besonderheit sind die Devotionalienläden am Aufgang zur Kirche, die 1979 wieder eingerichtet wurden.

Seit 1987 betreuen Paulinerpatres aus Tschenstochau, dem berühmten polnischen Marienwallfahrtsort, die Pilger im früheren Superioratsgebäude, das die Benediktiner aus St. Blasien 1733 auf der anderen Seite des Todtenbachbrückleins errichtet hatten. An die Zeit, in der Todtmoos ein bedeutendes Filialkloster von St. Blasien war, erinnert auch das unversehrt gebliebene, bunt bemalte Hauptportal der Kirche mit zwei Erzengeln als Bewachern, mit dem Abteiwappen und mit dem persönlichen Wappen des Abtes Blasius Münzer, das von den Heiligen Benedikt und Blasius flankiert wird.

Noch immer ist Todtmoos nicht nur ein beliebter Kur-, sondern auch ein viel besuchter Wallfahrtsort, zu dem vor allem an Marienfeiertagen viele tausend Pilger anreisen. Besonders eindrucksvoll ist die Wallfahrt aus dem schweizerischen Hornussen nach Todtmoos, die auf eine Marienerscheinung aus dem Jahr 1255 zurückgeht. Die Belege für die Wallfahrt reichen bis ins 16. Jahrhundert zurück, als das Fricktal gemeinsam mit dem Hotzenwald noch zum habsburgischen Vorderösterreich gehörte. Über vierzig Kilometer legen die Pilger in der Woche vor Pfingsten von Hornussen über Laufenburg bis nach Todtmoos zu Fuss zurück und erfüllen damit ein altes Gelübde aus der Zeit, als noch die Pest in Europa wütete. Sobald sie den Ort erreichen, beginnen die Kirchenglocken zu läuten, und der Wallfahrtspriester kommt ihnen mit Ministranten, Kreuz und Fahne entgegen. Die Hornusser sind die einzige Wallfahrtsgruppe in Todtmoos, denen diese Ehrung noch zuteil wird, und Jahr für Jahr schliessen sich mehr Menschen ihrem Zug an.

FRÜHLING

Ballon d'Alsace Am Tag der Frühjahrstagundnachtgleiche, dem 21. März, geht die Sonne exakt im Osten über dem Badischen Belchen auf.

Ballon d'Alsace Am keltischen Feiertag Beltene, Anfang Mai, etwa 40 Tage nach der Frühjahrstagundnachtgleiche, geht die Sonne in Ost-Nordost über dem Grand Ballon auf; Reste des keltischen Festes finden sich z.b. in den Bräuchen zur Walpurgisnacht.

St. Trudpert Trudpertumgang (Prozession) mit dem Reliquienschrein am Sonntag nach dem 26. April.

Neuenburg am Rhein Prozession zur Heilig-Kreuz-Kapelle am 1. Sonntag im Mai.

Schweighouse Fête de Saint-Gangolph am 1. oder 2. Sonntag im Mai, mit Messe im Freien um 10 Uhr, anschliessendem Konzert, kleinem Volksfest und Kuckucksmarkt.

Endingen Lichterprozession am Vorabend von Christi Himmelfahrt.

Ueberstrass Messe im Freien bei Notre Dame du Grunenwald am ‹Hagelfyrtig› (Christi Himmelfahrt).

Altkirch Fête Saint-Morand am Pfingstmontag.

Saint-Brice Messe im Freien am Pfingstmontag (Vormittag).

Ballon d'Alsace und Basel Am Tag der Sommersonnenwende, dem 21. Juni, geht die Sonne im Nordosten hinter dem Markstein auf; Sonnwendfeier in der Münsterkrypta um den 21. Juni bei Sonnenaufgang.

Thann ‹Tanneverbrenne› (Crémation des trois sapins) und Festumzug am 30. Juni nach Sonnenuntergang.

Eichsel Eichsler Umgang mit den Reliquien der drei Jungfrauen am 3. Sonntag im Juli.

Ballon d'Alsace Am keltischen Feiertag Lugnasad, Anfang August, etwa 40 Tage nach der Sommersonnenwende, geht die Sonne in Ost-Nordost über dem Grand Ballon auf; Reste des keltischen Festes findet man in Bräuchen zu Erntedank und Maria Himmelfahrt.

Reiningue Foire Saint-Laurent am 1. Sonntag im August.

Bollenberg bei Orschwihr Hexenfeuer in der Nacht vom 14. auf den 15. August.

Todtmoos Hochfest der Schutzpatronin am Sonntag nach dem 15. August (Maria Himmelfahrt), Messe mit anschliessender Lichterprozession um 20 Uhr.

Lucelle Fête Saint-Bernard am Sonntag nach dem 20. August.

Wentzwiller ‹Hailafascht› an einem Sonntag im August.

Zurzach Verenatag am 1. September.

Dusenbach ‹Pfyfferdaj› in Ribeauvillé am 1. Septembersonntag; Wallfahrt der ‹Pfyffer› am 2. Sonntag im September.

Vorbourg ‹Semaine du Vorbourg› mit Kindersegnung an einem Mittwochnachmittag Mitte September.

HERBST

Ballon d'Alsace Am Tag der Herbsttagundnachtgleiche, dem 21. September, geht die Sonne exakt im Osten über dem Badischen Belchen auf.

Ettenheimmünster Landelinstag mit Pferdeprozession am Sonntag nach dem 22. September.

Oltingen Erntedank mit Gaben an einem Sonntag im Oktober.

Ballon d'Alsace Am keltischen Feiertag Samhain, Anfang November, etwa 40 Tage nach der Herbsttagundnachtgleiche, geht die Sonne in Ost-Südost über dem Burghügel Kienberg auf; Beginn des keltischen Winterhalbjahres; Reste dieses keltischen Festes findet man in Bräuchen zu Halloween, Allerheiligen/Allerseelen und Martini.

WINTER

Ballon d'Alsace An der Wintersonnenwende am 21. Dezember geht die Sonne im Südosten über der Belchenfluh auf.

Ballon d'Alsace Am keltischen Feiertag Imbolc, Anfang Februar, etwa 40 Tage nach der Wintersonnenwende, geht die Sonne in Ost-Südost über dem Burghügel von Kienberg auf; Reste des keltischen Festes findet man in Bräuchen zu Lichtmess.

Bad Säckingen Fridolinsfest mit Prozession am Sonntag nach dem 6. März.

(Die Veranstaltungsdaten können sich ändern, genaue Auskunft geben die Gemeinden und die Tourismusbüros)

Informationen auf dem Internet,

Telefonnummern der Tourismus-Büros

DREILÄNDERECK

Belchen-Dreieck www.regbas.ch / www.ot-thann.fr /

www.cc-paysdethann.fr / www.belchen.de / www.belchenland.de

Baselland Tourismus, Liestal: +41 (0)61 927 64 84

Office du Tourisme du Pays de Thann: +33 (0)389 37 96 20

Schwarzwald-Tourismus GmbH, Freiburg: +49 (0)761 2 96 22 71

Tourismus Südlicher Schwarzwald e.V., Freiburg:

+49 (0)761 2 18 73 04

Bettingen www.bettingen.ch

Basel Tourismus: +41 (0)61 268 68 68

Binningen www.binningen.ch

Baselland Tourismus, Liestal: +41 (0)61 927 64 84

Tüllingen www.loerrach.de

Touristik Burghof, Lörrach: +49 (0)7621 9 40 89 65

NORDWESTSCHWEIZ

Arlesheim www.arlesheim.ch

Verkehrsverein Arlesheim: +41 (0)61 701 55 92

Augusta Raurica www.augusta-raurica.ch

Baselland Tourismus, Liestal: +41 (0)61 927 64 84

Basel www.basel.ch / www.baseltourismus.ch

Basel Tourismus: +41 (0)61 268 68 68

Beinwil www.schwarzbubenland.ch

Kloster Beinwil: +41 (0)61 791 95 70

Mariastein www.kloster-mariastein.ch

Benediktinerkloster Mariastein: +41 (0)61 735 11 11

Oltingen www.oltingen.com

Baselland Tourismus, Liestal: +41 (0)61 927 64 84

Saint-Ursanne www.jura.ch / www.juratourisme.ch

Jura Tourisme, Saint-Ursanne: +41 (0)32 461 37 16

Jura Tourisme, Delémont: +41 (0)32 422 97 78

Schönthal www.schoenthal.ch

Vorbourg www.delemont.ch / www.jura.ch

www.juratourisme.ch / www.abbaye-saint-benoit.ch

Jura Tourisme, Delémont: +41 (0)32 422 97 78

Zurzach www.badzurzach.ch / www.zurzach.ch

Bad Zurzach Tourismus: +41 (0)56 249 24 00

ELSASS

Altkirch und Gildwiller www.sundgau.net /

www.sundgau-histoire.asso.fr / www.visit-alsace.com

Office de Tourisme d'Altkirch: +33 (0)389 40 02 90

Andlau www.andlau.fr

Office de Tourisme, Andlau: +33 (0)388 08 22 57

Bollenberg bei Orschwihr www.bollenberg.com /

www.alsace-route-des-vins.com

Office de Tourisme, Canton de Rouffach: +33 (0)389 78 53 15

Donon www.ville-schirmeck.fr

Développement du Pays d'accueil du Donon:

+33 (0)329 51 05 56

Dusenbach www.ribeauville-riquewihr.com /

www.visit-alsace.com

Office de Tourisme, Ribeauvillé: +33 (0)389 73 62 22

Epfig www.pays-de-barr.com

Office de Tourisme d'Obernai: +33 (0)388 95 64 13

Feldbach www.unjardin.com

Office de Tourisme du Jura Alsacien, Ferrette:

+33 (0)389 08 23 88

Hegenheim www.alemannia-judaica.de/

hegenheim_cimetiere.htm

Heimersdorf Mairie de Heimersdorf: +33 (0)389 40 51 51

Hippoltskirch Mairie de Sondersdorf: +33 (0)389 40 42 00

Lucelle www.tourisme-lucelle.com

Office de Tourisme du Jura Alsacien, Ferrette:

+33 (0)389 08 23 88

Murbach www.alsace-passion.com

Office de Tourisme, Guebwiller: +33 (0)389 76 10 63

Odilienberg www.odilienberg.net / www.mont-sainte-odile.com

Pays de Barr et du Bernstein: +33 (0)388 58 52 22

Office de Tourisme, Barr Bernstein (Barr): +33 (0)388 08 66 65

Oelenberg, Reiningue www.chambarand.com

Saint-Brice Mairie d'Oltingue +33 (0)389 40 70 11

Schweighouse www.tourisme-guebwiller-soultz.com

Office de Tourisme, Guebwiller: +33 (0)389 76 10 63

Steinbrunn-le-bas www.pays-de-sierentz.com

Office de Tourisme, Mulhouse: +33 (0)389 35 48 48

Thann www.ot-thann.fr / www.cc-paysdethann.fr

Office de Tourisme, Thann: +33 (0)389 37 96 20

Ueberstrass www.sundgau.net

Office de Tourisme du Jura Alsacien, Ferrette:

+33 (0)389 08 23 88

Wentzwiller www.portesdusundgau.fr

Mairie de Wentzwiller: +33 (0)389 68 60 71

SÜDBADEN

Bad Säckingen www.bad-saeckingen.de

Tourist-Info Kurverwaltung GmbH, Bad Säckingen:

+49 (0)7761 5 68 30

Beuggen www.schloss-beuggen.de

Tourismus Rheinfelden (D): +49 (0)7623 953 29

Tourismus Rheinfelden (CH): +41 (0)61 833 05 25

Breisach www.breisach.de

Breisach-Touristik, Agentur Tourismus Südlicher Schwarzwald:
+49 (0)7667 94 01 55

Eichsel www.rheinfelden-baden.de

Tourismus Rheinfelden (D): +49 (0)7623 953 29

Tourismus Rheinfelden (CH): +41 (0)61 833 05 25

Endingen www.endingen.de

Verkehrsbüro Endingen, Kaiserstühler Verkehrsbüro:
+49 (0)7642 68 99 90

Ettenheimmünster www.ettenheim.de / www.pmpka.de

Tourist-Information, Ettenheim: +49 (0)7822 432 10

Neuenburg am Rhein www.neuenburg.de

Tourist-Information, Neuenburg am Rhein: +49 (0)7631 791 111

St. Blasien www.st-blasien.de / www.schwarzwald.net

Tourist-Information St. Blasien: +49 (0)7672 414 30

St. Trudpert www.muenstertal.de / www. kloster-st-trudpert.de /
www.schwarzwald.net

Schwarzwald-Tourismus GmbH, Freiburg: +49 (0)761 2 96 22 71

Tourismus Südlicher Schwarzwald e.V., Freiburg:
+49 (0)761 2 18 73 04

Todtmoos www.todtmoos.de / www.schwarzwald.net

www.wallfahrtskirche-todtmoos.de

Tourist-Information, Todtmoos: +49 (0)7674 90600

Allgemeine Portale www.frankreich-experte.de / www.frsw.de /
www.velotouren.ch / www.ronde-des-fetes.asso.fr

(Angaben ohne Gewähr)

Weitere Informationen zu öffentlichen Verkehrsmitteln

NORDWESTSCHWEIZ

Regio-Fahrplan Band 1: Basel und Umgebung; Band 2: Nordwestschweiz. Ausserdem sind bei den Basler Verkehrsbetrieben im Kundenzentrum am Barfüsserplatz und an Bahnhöfen Fahrpläne für den Landkreis Lörrach und TER Alsace erhältlich. Fahrplanauskunft/Information Mo–Fr 8–12 und 13.30–17 Uhr: Tel. +41 (0)61 685 13 13 / www.tnw.ch / info@bvb-basel.ch

SBB Rail Service Tel. +41 (0)900 300 300 (CHF 1.19/Minute) / www.sbb.ch/fahrplan (auch für Verbindungen nach D und F)

Basler Personenschifffahrt Tel. +41 (0)61 639 95 00 / 08 / 09 (automat. Ansage) / www.bpg.ch / info@bpg.ch

ELSASS

TER Alsace Auskunft täglich 7–22 Uhr: Tel. +33 (0)892 35 35 35 (Euro 0,34/Minute) www.sncf.com / www.ter-sncf.com/alsace www.fahrplan-online.de / www.l-k.fr

SÜDBADEN

Regio-Fahrplanauskunft Landkreis Lörrach Tel. +49 (0)7621 415 465 (8–16 Uhr) oder +49 (0)1805 77 99 66 (rund um die Uhr, Euro 0,12/Minute) / www.efa-bw.de / www.bahn.de (auch für Verbindungen nach CH und F)

(Angaben ohne Gewähr)

Literatur (Auswahl)

Attenhofer, Edward: Das Büchlein der heiligen Verena. Sauer-
länder, Aarau 1943.

d'Aujourd'hui, Rolf: Zum Genius Loci von Basel. Ein zentraler
Ort im Belchen-System. In: Christoph Merian Stiftung (Hg.):
Basler Stadtbuch 1997, Ausgabe 1998. Christoph Merian
Verlag, Basel 1998.

Berger, Ludwig: Führer durch Augusta Raurica, 6. Aufl., Römermuseum, Augst 1998.

Born, Bonifaz: Die Gnadenhöhle von Mariastein. Mariastein
Nr. 8, Basel 1984.

Brommer, Hermann (Hg.): Wallfahrten im Erzbistum Freiburg.
Schnell und Steiner, München/Zürich 1990.

Chèvre, André: Lucelle – histoire d'une ancienne abbaye
cistercienne. Bibliothèque jurassienne, Delémont 1973.

Claerr-Stamm, Gabrielle / Francey, Marcel / Zimmermann,
Jean: Lucelle – histoire, fouilles, vestiges. 2e éd., Société
d'Histoire Sundgauvienne, Altkirch 1993.

van Cronenburg, Petra: Geheimnis Odilienberg. Diederichs,
München 1998.

Derungs, Kurt: Geheimnisvolles Basel. Heiligtümer und
Kultstätten im Dreiland. Edition Amalia, Bern 1999.

Frei-Heitz, Brigitte: Arlesheim. Die Ermitage, ein kunstvoller
Garten. In: Favre, Pascal (Hg.): Natur nah – 14 Ausflüge in
die Landschaft Basel. Christoph Merian Verlag, Basel 2003,
S. 151–165.

Früh, Sigrid (Hg.): Der Kult der Drei Heiligen Frauen. Märchen, Sagen, Brauch. Edition Amalia, Bern 1998.

Gombert, Hermann / Metz, Hermann: St. Stephanusmünster zu Breisach. 21. Auflage, Verlag Schnell & Steiner, Regensburg 2000.

Greub, Werner: Wolfram von Eschenbach und die Wirklichkeit des Grals. Philosophisch-Anthroposophischer Verlag, Dornach 1974.

Heyer, Hans-Rudolf / Weitnauer, Emil / Christ, Markus: Kirche Oltingen BL. Schweizerischer Kunstführer, Nr. 364, 1985.

Hüttenmeister, Frowald Gil / Rogg, Léa: Der Jüdische Friedhof in Hegenheim. Schwabe Verlag, Basel 2004.

Hug, Vanja: Freizeit und Geselligkeit im Zeitalter der Empfindsamkeit und der Romantik am Beispiel der Ermitage Arlesheim. In: Kreis, Georg / von Wartburg, Beat: Basel – Geschichte eine städtischen Gesellschaft. Christoph Merian Verlag, Basel 2000, S. 186–188.

Kaufmann-Heinimann, Annemarie: Götter und Lararien aus Augusta Raurica. Herstellung, Fundzusammenhänge und sakrale Funktion figürlicher Bronzen in einer römischen Stadt. Römermuseum Augst, Augst 1998.

Kern, Franz: Das Dreisamtal mit seinen Kapellen und Wallfahrten. 4. Aufl., Schillinger, Freiburg i.Br. 1997.

Landspurg, Adolphe: Les hauts lieux d'énergie d'Alsace, des Vosges et de la Forêt Noire. Editions du Rhin, Mulhouse 1992.

Legin, Philippe: Die Abteikirche von Murbach. Editions S.A.E.P., Ingersheim/Colmar 1979.

Leuzinger, Fridolin / Flury, Hannes-Dirk (Fotos): Romanische Strasse im Elsass. Buchverlag Basler Zeitung, Basel 1989.

Mantz, Francis: Le mur païen – histoire et mystères archéologiques autour du Mont Sainte-Odile. La Nuée Bleue, Strasbourg 1991.

Maurer, Theodor: Die heilige Odilie. Legende und Geschichte.
2. Aufl., Rudolf Geering Verlag, Dornach 1982.

Mehle, Ferdinand: Der Kriminalfall Kaspar Hauser. Morstadt
Verlag, Kehl 1994.

Meier, Eugen Anton: Das sagenhafte Basel: Legenden, Sagen,
Schwänke, Fabeln und Märchen aus dem alten Basel.
Litera Buch- und Verlags-Aktiengesellschaft, Basel 1987.

Merz, Blanche: Orte der Kraft in der Schweiz. 3. Aufl., AT-Verlag,
Aarau 1999.

Meyer, Werner: Burgen von A bis Z. Burgenlexikon der Regio.
Hrsg. von den Burgenfreunden beider Basel aus Anlass ihres
50jährigen Bestehens. Druckerei Klingental AG, Basel 1981.

Moosbrugger-Leu, Rudolf: Die Chrischonakirche von Bettingen.
Archäologische Untersuchungen und baugeschichtliche
Auswertung. Materialhefte zur Archäologie in Basel, Heft 1,
Basel 1985.

Müller, Christian Adolf: Der Sundgau. Geschichte, Landschaft
und Baudenkmäler. Hrsg. v. Lony Müller. Wepf, Basel 1978.

Munck, André / Glotz, Marc / Claerr-Stamm, Gabrielle: Le
guide du Sundgau. Ed.: Société d'Histoire Sundgauvienne.
Editions Coprur, Strasbourg 1989.

Musées de Strasbourg/Conseil Général du Bas-Rhin (ed.):
Le Mont Sainte-Odile, haut lieu de l'Alsace. Musées de
Strasbourg 2002.

Nordmann, Achilles: Der Israelitische Friedhof in Hegenheim
in geschichtlicher Darstellung. Wackernagelsche Verlags-
anstalt, Basel 1910.

Salathé, René: Das Kloster Schönthal – Kultur und Natur.
Benteli Verlag, Bern 2000.

von Scarpatetti, Beat et al.: Binningen – die Geschichte. Verlag
des Kantons Basel-Landschaft, Liestal 2004.

Schenker, Lukas: Mariastein, Führer durch Wallfahrt und
Kloster. Beat Eberle, Einsiedeln 2001.

Schmidt-Abels, Georg: Geheimnisvolle Regio. Waldkircher Verlag, Waldkirch 2001.

Schweizer-Völker, Edith: Butzimummel – Narro – Chluri. Bräuche in der Regio. Buchverlag Basler Zeitung, Basel 1990.

Schweizer-Völker, Edith: Volksfeste im Dreiland. Buchverlag Basler Zeitung, Basel 1998.

Schwinn Schürmann, Dorothea: Das Basler Münster. Gesellschaft für Schweizerische Kunstgeschichte, Bern 2000.

Sigrist, René (ed.): Saint-Ursanne et le Clos du Doubs. Editions SIR, Porrentruy 1983.

Société d'Histoire Sundgauvienne (Hg.): Oltingue – Histoire de l'antique chapelle Saint-Martin des Champs, 1990.

Stintzi, Paul: Die Sagen des Elsasses – gesammelt nach der Volksüberlieferung und gedruckten Quellen. Bde. 1 und 2, Alsatia, Colmar 1929–1941.

Studer, Winfried: Die Wallfahrt zum Heiligen Kreuz von Neuenburg am Rhein. Hg. von der Kolpingsfamilie Neuenburg am Rhein, o.J.

Todtmooser Wallfahrtsbuch. 5. Aufl., Verlag Tröischler, Todtmoos 1916.

Verein Frauenstadtrundgang Basel (Hg.): still & stark. Die heiligen Frauen von Mariastein – eine etwas andere Wallfahrt zu Maria in der Felsengrotte. Idee und Red.: Irina Bosshard. Limmat Verlag, Zürich 2003.

Vogt, Nathalie et Michel: L'enceinte mystérieuse du Mont Sainte-Odile. Eigenverlag, Barr 1991.

Dank

Die Autorin dankt für Hinweise: Dres. Paul und Liselotte Andermatt, Binningen; Dr. Rolf d'Aujourd'hui, Basel; Elisabeth Cuylen, Binningen; Prof. Dr. Werner Gallusser, Basel; Helga von Graevenitz, Arlesheim; Forscherteam Augusta Raurica, Augst; Dominik Hunger, Basel; Jüdisches Museum der Schweiz, Basel; Adolf Käny, Adelhausen; Evi Keller, Basel; Helen Liebendörfer, Muttenz; Dr. Markus Moehring, Lörrach; Sonja Nees, Binningen; Maja Samimi-Eidenbenz, Binningen; Vreni Weber-Thommen, Gelterkinden; Dr. Jean-Jacques Wolf, Service Départemental d'Archéologie du Haut-Rhin, Ensisheim.

Ein besonderer Dank gebührt dem Fotografen Dr. Martin Schulte-Kellinghaus für seine engagierte Mitarbeit, unter anderem bei den Recherchen.

Ausgehend von diesem Buch hat die eine trinationale Projektgruppe ‹Mythische Orte› unter Leitung der

Stadt Lörrach eine Broschüre mit weiteren interessanten touristischen Informationen für Exkursionen zu den

Mythischen Orten am Oberrhein zusammengestellt. Sie ist zu beziehen bei allen Projektpartnern und bei:

Touristinformation Burghof GmbH, Projekt Mythische Orte, Herrenstrasse 5, 79539 Lörrach,

Tel. +49 (0)7621 940 89 65, touristik@burghof.com

Mythische Orte am Oberrhein
Lieux mythiques dans le Rhin Supérieur

Bibliografische Information Der Deutschen Bibliothek:

Die Deutsche Bibliothek verzeichnet diese Publikation in der Deutschen Nationalbibliografie;

detaillierte bibliografische Daten sind im Internet über http://dnb.ddb.de abrufbar.

Zweite, aktualisierte Auflage

ISBN 10   3-85616-285-2

ISBN 13   978-3-85616-285-6

© 2006 Christoph Merian Verlag

© 2006 Abbildungen: Martin Schulte-Kellinghaus

Lektorat: Markus Bothe, Claus Donau, Basel

Gestaltung und Lithos: Atelier Urs und Thomas Dillier, Basel

Druck: Offsetdruckerei Karl Grammlich, Pliezhausen

Bindung: Buchbinderei Dollinger, Metzingen

Schriften: Swift Regular, Akzidenz Grotesk

Papier: Euro Bulk 135 g/m²

www.merianverlag.ch